よくわかる
オープンイノベーション
アクセラレータ入門

三菱UFJリサーチ&コンサルティング 著

日科技連

はじめに

いま何が起きているか？

　われわれはいま第四次産業革命を迎えようとしている。2012年にドイツ政府が発表した「Industrie 4.0」は日本語では第四次産業革命とされ、IoT(internet of things：モノのインターネット)化やビッグデータ、AI(artificial intelligence、人工知能)、ロボットの活用が進むことが予測されている。2045年にはシンギュラリティ(技術的特異点)を迎えロボットが人間の能力を超えるといわれ、現在の多くの仕事がロボットやAIに代替されることによって知識集約型ビジネスがさらに進展し、より「創造性(creativity)」が求められる新しい仕事が生まれてくるだろう。18世紀末に起きた第一次産業革命では水力や蒸気による工場の機械化が進んだ。20世紀初頭の第二次産業革命では石油や電力を活用して機械化がさらに進展し大量生産・大量消費の時代に入り、20世紀後半にはコンピューター制御の活用による生産の自動化が進展し、知識集約型のビジネスが価値を持つようになった。過去の産業革命をみても、技術の進化により無くなる仕事の代わりに新しい仕事が生まれてきた。

　われわれはこうした長期的な世の中の変化(ダイナミズム)の中で生活しており、まさにいま大きな変換の時期を迎えようとしていることをしっかり認識しなくてはならないのである。

既存産業×Technologyによる新規参入機会

　ここ10年の間にわれわれの身の周りではどのような変化が起こっているだろうか？　総務省の「平成29年度版情報通信白書」によれば、スマートフォンの世帯保有率は2010年に約10％だったものが3年後の2013

年には60%を超え、それからさらに3年後の2016年には70%を超えており、固定電話やパソコン端末の減少傾向とは対照的に急激に増加し、スマートフォンへの急激なシフトが起こったことがわかる。実際、日々の生活を思い浮かべてみても、わからない言葉があればスマートフォンを使っていつでも手軽に検索し、SNS(ソーシャル・ネットワーキング・サービス)で友人の投稿を閲覧して近況を知り、歩数やアクティビティに応じた消費カロリーをチェックすることができる。行ったことがないレストランのレビューを見て選択して予約し、そのままSNSで友人に案内を送る。レストランでの会計はまとめて誰かが支払い、後から割り勘アプリで請求すると友人から送金され、すべてがスマートフォン上で完結してしまう。スマートフォンの普及はユーザー(カスタマー)側の大きな変化である。

　こうしたユーザーの変化に企業側も対応しなくてはならない。これが現在企業の多くが対応に追われている要因の1つである。多くの企業において、これまでも既存事業の業務効率化の術としてICT(information and communication technology：情報通信技術)の利活用が行われており、いわゆるICT企業は既存産業の業務の効率化や業務の高度化を支える機能の提供者として企業を支える役割を果たしてきたし、現在でもこうした役割を果たしている。

　一方、こうしたユーザー側の変化とテクノロジーの進歩によって、「既存産業×Technology」の造語があらわすように既存産業の変革がはじまっている。当社は三菱UFJフィナンシャルグループ(MUFG)のシンクタンク、コンサルティングファームであり、われわれの身近なところでいうとFintech(finance×technology)がそれにあたる。金融産業に新たなプレーヤーが参入し始めていることを意味している。

　このように既存産業および既存市場がテクノロジーによって新規事業者に塗り替えられる可能性や、既存産業がこれまでコストがかかり過ぎて市場として捉えられていなかったターゲットに対しテクノロジーやデータを駆使する新規事業者が新たな市場を開拓する可能性を意味しており、これ

までの既存事業におけるICTの利活用とは異なるICT企業や他業界からの新規参入という変革の時期にあることを理解する必要がある。

オープンイノベーションは流行で終わるのか？

　日本国内においては人口減少と超高齢化社会を迎える中、既存産業における企業内ではAIやロボットなどのテクノロジーを活用した業務効率化が必須となり、業務の中心はよりクリエイティビティが求められるものにシフトしていくことが想像されている。外部環境としてはモバイルやテクノロジーの活用が進展した顧客やユーザーへの対応、新たなテクノロジーを活用した新規事業者に参入されかねない危機感から、モバイル化への対応やテクノロジー活用による新商品・新サービス、新事業の開発に取り組み始めている。

　しかしながら、環境の変化のスピードに対応するためには、これまでのように自社のリソースだけで内製化していては間に合わない現状がある。その打ち手として期待されるのがオープンイノベーションである。新技術を強みに新たな発想を持つスタートアップ企業と組み、スピード感を持ってこうした内部・外部環境の変化に対応していくことが求められている。

　MUFGも2016年に第1回となるMUFG FINTECHアクセラレータを開催し、2017年には第2回となるMUFGデジタルアクセラレータを開催、2018年には第3回を実施し、ますます取組みの重要性は増している。当社も2017年にシンクタンク・コンサルティングファームとしてオープンイノベーションを推進することを目的に、Open Innovation Platform LEAP OVERを設置し、企業や自治体のオープンイノベーションやアクセラレータプログラムの戦略策定、企画・運営をサポートしている。その一環で自社初となるアクセラレータプログラム「MURCアクセラレータLEAP OVER」を開催し、16社のスタートアップ企業とともに社会課題を解決するスタートアップ企業の事業化をサポートしてきた。2018年には第2期を開催し、持続可能な地域社会の実現に向けたビジネスの事

はじめに

業化をサポートしている。

　昨今、新事業開発に取り組む企業が多くなり、オープンイノベーションの活用も盛んになっており、その手段としてアクセラレータプログラムに取り組む企業も増えている。オープンイノベーションはもはや一時の流行ではなく、当たり前の文化として根付くものだと考えている。

すべての社員にオープンイノベーションのマインドを

　本書は、日頃そうした新事業開発部やオープンイノベーション推進室の担当者の方々とお話する中で整理してきたことや自身も社内のオープンイノベーションを推進する中で経験してきたことを元に、新事業開発部やオープンイノベーション推進室のご担当者の方ではなく、一般のいわゆる事業部で働く方々に向けて書いたものである。

　オープンイノベーションやアクセラレータ、起業やスタートアップ企業に関する書籍の多くはスタートアップ企業や事業開発に近い人達を対象に書かれているように感じている。実際のオープンイノベーションの現場では必ずしもそういう方々に限らず、何十年もの間同じ部門に所属しその分野の専門性は非常に高いがイノベーションやスタートアップといった概念とは無縁だった方とコラボしなければならないことも多い。本書ではオープンイノベーションという言葉は聞いたことがあるが、その本質的価値やそれが一体何をもたらしてくれるのかを深く理解していない方々を対象としており、できる限り専門的用語には解説を入れ、図解を多くして直観的に理解していただけるよう心掛けた。本書が新たな一歩を踏み出そうとするみなさまの一助となれば幸いである。

2018 年 10 月

三菱 UFJ リサーチ&コンサルティング㈱
LEAP OVER 責任者
杉原美智子

よくわかる オープンイノベーション アクセラレータ入門

目　次

はじめに………iii

第1章　オープンイノベーションの基礎………1

1.1　オープンイノベーションとは………3
　1.1.1　イノベーションとは………3
　1.1.2　日本の組織とイノベーション………4
　1.1.3　オープンイノベーションの定義………5
1.2　スタートアップ企業の時代………6
　1.2.1　スタートアップ企業とは………6
　1.2.2　世界のネットビジネスをリードするアメリカのスタートアップ企業………7
　1.2.3　日本のスタートアップ企業………9
　1.2.4　スタートアップ企業と大手企業のオープンイノベーション………10
　1.2.5　スタートアップ企業と大手企業の取組み手法………12
　1.2.6　スタートアップ企業と大手企業の連携にあたっての注意点………13
第 1 章の参考文献………15

第2章 オープンイノベーションの実践 〜アクセラレータプログラム〜……17

2.1 アクセラレータプログラムとは………19
2.2 アクセラレータプログラムの効果………22
 2.2.1 事業面における効果………22
 2.2.2 人材・組織面における効果………24
2.3 企業アクセラレータプログラムの流れ………25
 2.3.1 企画設計フェーズ………25
 2.3.2 マッチングフェーズ………26
 2.3.3 事業化フェーズ………27
2.4 国内アクセラレータプログラムの事例………29
第 2 章の参考文献………30
Column ① 世界のオープンイノベーション戦略………31

第3章 実践から得たアクセラレータプログラム運営のポイント……37

3.1 企画設計フェーズの重要性………39
3.2 マッチングフェーズの留意点………40
3.3 事業化フェーズの 3 つの要素と構成………41
3.4 アクセラレータプログラムに重要な 5 つのポイント………44
 3.4.1 ゴールはスタートアップ企業のアクセラレーションである………45
 3.4.2 スタートアップ企業をアクセラレートすべくしっかりとした体制を構築すべき………46

3.4.3　参加者のインセンティブに配慮すること………47
3.4.4　相手を尊重すること(信頼関係の構築)………49
3.4.5　成果にこだわること………50
3.5　「共創」の社会に向けて………51

第4章　5カ条を実現させる際、企業がぶち当たる壁とその突破方法………53

4.1　アクセラレータプログラムにおける事前戦略策定の必要性………55
　4.1.1　事業化につながらないアクセラレータプログラム………55
　4.1.2　アクセラレータプログラムの事前戦略策定に関わる困難………56
　4.1.3　アクセラレータプログラムの事前戦略策定を放棄してしまう理由………57
　4.1.4　全社戦略から読み解くアクセラレータ戦略設計………58
　4.1.5　事前戦略策定の質＝アクセラレータプログラムの質………63
4.2　全社ゴト化することで「熱量の高い社内体制を構築する」………63
　4.2.1　自前主義からの脱却………63
　4.2.2　上層部(トップ)のコミットメントを獲得する………67
　4.2.3　企業メンターの活躍がプログラム成功の要因………69
　4.2.4　企業メンターは参加スタートアップ企業の審査フェーズからの参加が重要………72

4.3 参加者メリットをプログラムに組み込むために、事業化支援の拡充が重要………73
　4.3.1 事業化支援の拡充が求められる背景（最も重要な事業化支援フェーズ）………73
　4.3.2 事業化支援の考え方………75
　4.3.3 参加スタートアップ企業の検討状況を可視化する………76
　4.3.4 メンタリングを核に、関係者の役割を明確にした複層的なプログラムを実現する………78
　4.3.5 スタートアップ企業経営に必要な知見を効果的にインプットする………81
4.4 関係者間の信頼関係構築のためには、知的財産の取り扱いと契約形態の整理が重要………82
　4.4.1 整理が求められる背景………82
　4.4.2 アイデア創出段階の食い違い………84
　4.4.3 提携段階の食い違い………86
　4.4.4 信頼関係構築はアイデア創出段階と提携深化段階に分けて検討する………88
4.5 「成果にこだわる」ことが重要………88
　4.5.1 デモデイは、プログラムに関わるすべての人のコミットメントが求められる場………88
　4.5.2 デモデイ後のフォローアップにより、事業をしっかり形にする………91
第4章の参考文献………91

第5章　産業振興・地方創生に向けた オープンイノベーションの活用………93

5.1　豊田市が実施した「ものづくりベンチャーと市内製造業のマッチング事業」………95
5.2　豊田市事業のスキーム・特徴………99
5.3　製造業におけるオープンイノベーションの2類型………101
　5.3.1　「ハードウェア・スタートアップ型」のオープンイノベーション………101
　5.3.2　工場の生産性を高める「ファクトリー・テック型」のオープンイノベーション………103
5.4　産業振興・地方創生におけるオープンイノベーションのポイント………106
第5章の参考文献………107
Column ②　スタートアップ企業が大手自動車部品メーカーと連携して生み出した外観検査の自働化ソリューション…㈱ロビット………108

第6章　オープンイノベーションを活用する未来の企業像………111

6.1　SDGsからCSV事業を創造する………113
　6.1.1　SDGsとは………113
　6.1.2　CSV事業とは………114
6.2　CSV（creating shared value）事業の成功事例………116

目次

6.2.1 「快適社会」をめざす三菱ケミカルHD………116
6.2.2 人々を安全・安心に運び、心まで動かすトヨタ………118
6.3 日本の未来社会を彩る社会課題解決………119
6.3.1 未来社会の姿(人・町・仕事・地域)………119
6.3.2 理想の未来とは………121
6.4 大手企業における新規事業推進の課題とめざすべき未来の姿
　　　………124
6.5 未来の企業像をめざして………127
第6章の参考文献………128

おわりに………129

索　引………133

カバー・表紙イラスト出典＝アイキャッチャー

装丁・本文デザイン＝さおとめの事務所

第1章

オープンイノベーションの基礎

1.1 オープンイノベーションとは

1.1.1 イノベーションとは

　日本企業にイノベーションが必要といわれるようになって久しい。バブル経済の崩壊後、失われた20年と呼ばれる時代が続く中、日本企業はなかなか成長を取り戻せなかった。このような時代背景において、企業成長を導くイノベーションが求められてきた。

　イノベーションは、シュンペーターにより定義されたものである。シュンペーターはイノベーションとして以下の5つをあげている。

イノベーションの5つの類型
① 消費者の間でまだ知られていない財貨、あるいは新しい品質の財貨の生産
② 新しい生産方法の導入
③ 新しい販路・市場の開拓
④ 原料あるいは半製品の新しい供給源の獲得
⑤ 独占的地位の形成あるいは独占の打破(新しい組織の実現)

（出典）　シュムペーター（著）、塩野谷祐一、東畑精一、中山伊知郎（訳）：『経済発展の理論──企業者利潤・資本・信用・利子および景気の回転に関する一研究〈上〉』、岩波書店、1977年。

---

　①、②は技術のイノベーション、③④⑤は経営のイノベーションと整理することができる。

　日本ではイノベーションは前者の「技術革新」の意味に解されることが多く、よって企業におけるイノベーションの担当部署は研究開発部門であるとの見方がされる。しかし、イノベーションには後者の「経営革新」の意味もあり、この点からイノベーションは企業全体で取り組むべき事項となる。

1.1.2　日本の組織とイノベーション

　時計の針を大きく戻すと、戦後焼け野原になった日本は、欧米の技術を導入しキャッチアップ型で成功を果たした。自動車産業を例に取れば、戦後、日産は英オースチンと、いすゞ自動車は英ヒルマンとの提携で自動車の最新技術を学んだ。またテレビでは、松下電器産業(現パナソニック)は、オランダのフィリップス社から技術を導入した。

　1980年代、日本の自動車生産量が世界一となり、そしてカラーテレビも世界を席巻することとなった。日本企業は、欧米から導入した技術を自ら高度化していった。しかしながら、その取組みは現状改善であり、めざすべき方向性が見えたものであったといえよう。そしてトップに立った日本企業は、いよいよフロントランナーとしての役回りが求められることとなった。

　戦後に成功し拡大した大手企業は、その組織や企業文化が、リスクテイクが少ないキャッチアップ型に適したものとなっている。例えば、組織全体の合意を求める稟議制度。安全な投資回収を求める投資回収基準。部分最適が全体最適につながるような安定した環境下で機能する縦割り組織。そして、長期的な人材育成を行う年功序列型人事制度などである。

　このような組織は、リスクを取って成長することよりも、漸進的な成長を評価、つまり現状延長型の成長を評価することとなる。

　企業におけるイノベーションの1つの表出として、新規事業がある。一般に新規事業は、10取り組んで1当たれば非常によい確率といわれている。つまり10のうち9は失敗する。キャッチアップ型組織では、このような失敗は許容されにくい。

　成熟化に直面した日本の大手企業は、新規事業に取り組まざるを得ないが、日本企業の仕組みそのものが、新規事業を促進するものとなっていないというジレンマを有しているのである。

1.1.3 オープンイノベーションの定義

日本企業において、研究開発部門が中心となって担ったイノベーションは、自社内で研究担当社員を育成し、社内で開発を行い、その製品を量産して販売する形態であった。これはクローズドイノベーションと呼ばれるものである。しかし、この方法では新しい事業の創出にいきづまり、新たな方法を模索することとなった。

提唱者のヘンリー・チェスブローは、オープンイノベーションを以下のように定義している。

> **オープンイノベーションの定義**
>
> オープンイノベーションとは、組織内部のイノベーションを促進す源の流出入を活用し、その結果組織内で創出したイノベーションを組

図表1.1 研究開発全体における自社単独/外部連携の割合

	割合
自社単独での開発	61.4%
グループ内企業との連携	8.4%
国内の同業他社との連携(水平展開)	2.7%
国内の同じバリューチェーン内の他社との連携(垂直連携)	5.6%
国内の他社との連携(異業種連携)	3.9%
国内の大学との連携	8.6%
国内の公的研究機関との連携	3.1%
国内のベンチャー企業との連携	0.9%
海外の大学との連携	1.2%
海外の公的研究機関との連携	0.3%
海外企業との連携(ベンチャー企業を除く)	1.5%
海外のベンチャー企業との連携	0.4%
他企業などからの受託	2.1%

(出典) 経済産業省:「オープンイノベーションに係わる企業の意思決定プロセスと課題認識について」、2016年1月18日。

織外に展開する市場機会を増やすことである。

（出典）　オープンイノベーション協議会：「オープンイノベーション白書（初版）」、2016年。

　図表1.1にあるように、オープンイノベーションにはさまざまなものがある。オープンイノベーションの取組みで、これまで代表的なものは、産学連携であった。産学連携では、大学における研究活動から生まれた新規事業のシーズを、企業が育て事業化する。大学が得意とする研究と、企業が得意とする製品化、それぞれの強みを活かして新たな製品を開発するものである。

1.2　スタートアップ企業の時代

1.2.1　スタートアップ企業とは

　ここ数年、「スタートアップ」、あるいは「スタートアップ企業」という言葉を耳にするようになった。一般的には、スタートアップ企業は、規模

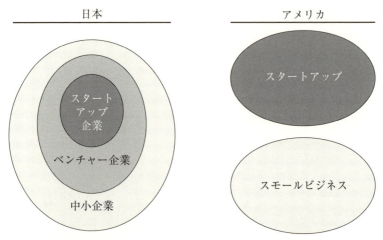

図表1.2　日本とアメリカのスタートアップの位置づけ

図表 1.3　中小企業・ベンチャー企業・スタートアップ企業の定義

中小企業	中小企業基本法の規定に基づく。製造業を例に取ると、資本金 3 億円以下あるいは、常時雇用する従業員が 300 人以下の企業が中小企業
ベンチャー企業	リスクテイカー・ハードワーカーといった起業家的資質がある企業が、製品・サービス・市場・技術のイノベーションを伴いながら、新たな事業機会を開拓すべくリソースを結集し、付加価値を創造していく（中小企業基盤整備機構：ベンチャー企業の人材確保に関する調査 2011 年 3 月）
スタートアップ企業	新たなビジネスモデルを開発し、短期間で急激な成長をめざす企業

は小さいが、大きな成長をめざしている企業をさす。日本には、「ベンチャー企業」という言葉もある。スタートアップ企業の特徴は、「新しいビジネスモデルを開発する」、「短期間で急成長をめざす」ことである（図表 1.2）。

アメリカでは、中小企業はスタートアップとスモールビジネスの 2 つに分けられる（図表 1.3）。

1.2.2　世界のネットビジネスをリードする アメリカのスタートアップ企業

世界のネットビジネスでは、アメリカ発の企業が主要プレーヤーとなっている。FANG（フェイスブック、アマゾン、ネットフリックス、グーグル）、GAFA（グーグル、アップル、フェイスブック、アマゾン）と呼ばれる企業群である。

FANG、GAFA は、スタートアップ企業から巨大企業となったものが中心となっている。フェイスブックを例に取ると、2004 年にハーバード大学の学生だったマーク・ザッカーバーグが立ち上げたサービスである。それから 15 年弱で時価総額 45 兆円（1 ドル 110 円換算）に達している（図

第 1 章　オープンイノベーションの基礎

図表 1.4　FANG、GAFA

アメリカ株「時価総額」ランキング ベスト 10		
	株　式	時価総額
1 位	アップル	8115 億ドル
2 位	マイクロソフト	6084 億ドル
3 位	アマゾン・ドット・コム	4688 億ドル
4 位	フェイスブック	4072 億ドル
5 位	ジョンソン＆ジョンソン	3802 億ドル
6 位	エクソン・モービル	3537 億ドル
7 位	JP モルガン・チェース	3502 億ドル
8 位	アルファベット　クラス C	3375 億ドル
9 位	アルファベット　クラス A	2946 億ドル
10 位	バンク・オブ・アメリカ	2895 億ドル

FANG、GAFA		
業　種	FANG※	GAFA
IT		✓
IT		
IT	✓	✓
IT	✓	✓
ヘルスケア		
石　油		
銀　行		
IT	✓	✓
IT	✓	✓
銀　行		

※FANG は、上記以外に Netflix

（左表出典）　ZAI ONLINE：ザイ編集部：「米国株の「時価総額ランキング」ベスト 10 を発表！　アマゾンやフェイスブックなど、高値更新中の米国株は大型株でも高成長が見込めて増収率も高い！」、2017 年 11 月 28 日公開、2017 年 10 月末時点のデータ。

表 1.4）。日本の時価総額トップ企業のトヨタ自動車のそれは 20 兆円強（同時期）であり、フェイスブックは約 2 倍の時価総額を有する。ちなみにトヨタ自動車は 1937 年会社設立され、80 年余の歴史を有する企業である。

　FANG、GAFA は世界のイノベーションをリードする企業群であり、アメリカの産業の強みの大きな源泉である。

　一方、日本の時価総額上位企業は、トヨタ自動車、NTT、三菱 UFJ フィナンシャルグループ、ソニーなど従来型の大手企業であり、その間にソフトバンク、NTT ドコモ、KDDI の携帯通信事業者が入っているにすぎず、スタートアップ企業から成長した多くの IT 企業が上位にいるアメリカとは様相を異にする。

日本経済の発展のためには、FANG、GAFAのような急成長するスタートアップ企業が求められている。

1.2.3 日本のスタートアップ企業

ここ数年、日本のスタートアップ企業も注目されるようになった。スタートアップ企業が増えてきた理由として、いくつかの要因が考えられる。

1つは、スタートアップ企業への投資額の拡大である。2013年にはじまったアベノミクスの3本の矢の1つ、「大胆な金融政策」によるカネあまりもあり、スタートアップ企業への投資が増加してきた。国内未上場企業の資金調達額の推移を見ると、2012年に636億円であったが、2017年には2717億円と4倍以上に拡大している（図表1.5）。

また、若者の就労に関する考え方の変化も、スタートアップ企業が増えている大きな理由と考えられる。よい大学を出て、大手企業に入り定年まで勤め上げるというものが日本のキャリアモデルであった。バブル崩壊後、大手企業でも倒産し、または買収されて他の企業の傘下に入り経営体

（出典）「ベンチャー企業　資金調達速報レポート」、ジャパンベンチャーリサーチ、2018年2月。

図表1.5　国内未上場企業　資金調達額の推移

図表 1.6　行政により設置された創業支援施設の例

創業支援施設名	開設主体
TOKYO 創業ステーション	2017 年 1 月、東京都が開設
大阪イノベーションハブ(OIH)	2013 年 4 月、大阪市が開設
Fukuoka Growth Next	2017 年 2 月、福岡市と民間の共同で開設

制が大きく変わることが頻発し、従来の日本キャリアモデルが必ずしも成り立つとはいえなくなってきた。

　このような中、日本のトップクラスの大学生が学生時代から起業することも目立ってきている。ただしこの点については、近年はアベノミクスの成果による景気拡大によって大手企業側の採用意欲が増し、学生の起業意欲の低下が危惧されている面もある。

　一方、行政の支援も手厚くなっている。アベノミクスの3本の矢の「民間投資を喚起する成長戦略」の政策の柱の1つが「産業の新陳代謝とベンチャーの加速」であり、それに呼応したベンチャー支援組織が、続々と作られている(図表 1.6)。

1.2.4　スタートアップ企業と大手企業のオープンイノベーション

　大手企業のオープンイノベーションの取組みの中で、近年大きく注目を浴びているものがスタートアップ企業との連携である。

　スタートアップ企業が持つビジネスシーズやビジネスモデル開発力、急成長力を、大手企業の新規事業開発に活かすものである。

　ファナック㈱は、スタートアップ企業である㈱ Preferred Networks と共同で、機械学習や深層学習を FA (factory automation：ファクトリーオートメーション)、ロボット、ロボマシンのそれぞれの商品に適用する新たな AI (人工知能) 機能を開発した。

図表 1.7　大手企業が取り組むスタートアップ企業とのオープンイノベーションの手法

	内容	メリット	デメリット
アイデアソン、ハッカソン	➢自社のリソースなどを活用するためのアイデアを広く集めるイベント ➢イベント内で、テーマに対する複数のアイデアを創出	➢おもしろいアイデアを、短期間に集めることが可能 ➢外部委託などで、必要リソースは押さえることが可能	➢具体的な事業化につながるかは未知数 ➢一過性になりやすい
アクセラレータプログラム	➢大手企業が集めたい事業テーマ、活用したいリソースに対して、国内外からベンチャー企業を募集 ➢通過したベンチャーは、数カ月の事業開発プログラムに参加	➢自社内では思いつかない新規事業のシーズを広く募ることが可能 ➢集中した事業立ち上げ支援により、ビジネスモデル構築が可能	➢プログラム目的、その後の展開をしっかり設計しないと、一過性になりやすい
ビジネスマッチング	➢自社が必要とする技術やノウハウを保有している企業と協業を視野に置いたマッチング（イベント）	➢関心を持てる企業をバイネームで紹介してもらえる	➢あくまでも紹介ベースなので、本当にマッチする企業かは未知数
コーポレートベンチャーキャピタル（CVC）	➢大手企業が出資したファンドから、ベンチャーへ投資するスキーム ➢財務リターン以上に、事業シナジーのある先への投資	➢出資の形で介入できるため、協業のアプローチにつなげやすい	➢投資先を見つけるまで時間を要する ➢投資部門の組成、ファンド資金など、リソースを要する
ジョイントベンチャー	➢（事例は少ないが）大手企業とベンチャー企業とが合弁会社を立ち上げ、新規事業を実施	➢自社内で実施するよりも自由度が高い事業が可能 ➢立ち上げ後は、スピード感をもって事業化が可能	➢対象先の探索は、時間、運が必要 ➢専担チーム組成、初期資本金など、リソースを要する
M&A、アライアンス	➢特定のベンチャー企業への提携〜買収 ➢自社にない機能・技術を取り込むことができる	➢シナジーが明確な先を探索するため、提携・買収の契約がまとまれば、事業化の実現性は高い	➢契約までは時間を要する ➢専担チーム組成、買収資金など、リソースを要する

> 機械学習、深層学習を活用したファナックのAI新機能
> - FA：AIサーボチューニング（機械学習）
> - ロボット：AIバラ積み取り出し（深層学習/FIELD systemアプリケーション）
> - ロボマシン：AI熱変異補正（機械学習）
>
> （出典）　プリファードネットワークスHP："POSTS TAGED FUNUC"、https://www.preferred-networks.jp/ja/2018/04

1.2.5　スタートアップ企業と大手企業の取組み手法

　スタートアップ企業と大手企業とのオープンイノベーションの手法には、さまざまなものがある（図表1.7、p.11）。

　大手企業がスタートアップ企業との連携で新事業立ち上げをねらう際に、どの手法を選ぶかは、新事業の方向性によって決まる。取り組みたい事業が決まっており、スタートアップ企業の技術・事業化力によって具体化を進めたい場合（「HOW」を決めるパターン）と、新規事業として何を行うかを決めるために活用する場合（「WHAT」を決めるパターン）の2つに大別される（図表1.8）。前者は、ビジネスマッチング、コーポレートベ

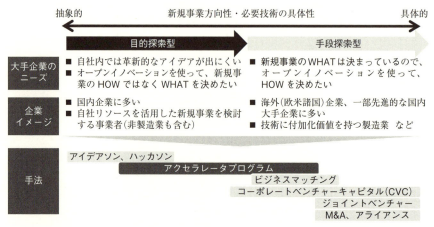

図表1.8　スタートアップ企業と大手企業とのオープンイノベーション手法の活用方法

ンチャーキャピタル(CVC)、ジョイントベンチャー、M＆A、アライアンスが適合する。後者は、アイデアソン、ハッカソン、アクセラレータプログラムがふさわしい。

なお、アイデアソン(ideathon)は、「アイデア(idea)」と「マラソン(marathon)」を組み合わせた造語で、商品やサービス、ビジネスモデルなどのプランニングを行なうチームで競うイベント、ハッカソン(hackathon)は、「ハック(hack)」と「マラソン(marathon)」を組み合わせた造語でエンジニアなどがチームを組み、プログラムなど開発したものの成果を競い合うイベントのことである。

1.2.6　スタートアップ企業と大手企業の連携にあたっての注意点

スタートアップ企業と大手が連携といっても、両社は企業規模が大きく異なる。従来、大手企業と中小企業との間は、親事業者と下請事業者の関係というものであった。

> **下請の定義**
> 　特定の事業者に依存する程度が高く、その事業者の発注に応じて、その事業者の必要とする物品の全部または一部について、製作、加工、組立、修理などを行っているすべての場合のこと
> （出典）　中小企業庁:「中小企業政策審議会 "ちいさな企業" 未来部会(第3回)法制検討ワーキンググループ」配布資料、2012年。

依存度の高さから、力関係は大手企業のほうが強く、対等な関係となっていない。図表1.9は、経済産業省が作成した資料にある情報サービス・ソフトウェア産業の取引きの適正化の項目であるが、逆にいえば、これらのことが守られていないことがあるとの指摘となっている。

また知財に関しても、同様に中小企業が弱い立場にあった。そのため、中小企業庁では2015年に「下請適正取引等の推進のためのガイドライン」を策定した(図表1.10)。

図表1.9　情報サービス・ソフトウェア産業の取引きの適正化

情報サービス・ソフトウェア産業の取引の適正化
2.2.3.　下請法上の親事業者の禁止事項に係る情報サービス・ソフトウェア産業の取引における考え方について 2.2.3.1.　買いたたきの禁止について 2.2.3.2.　受領拒否の禁止について 2.2.3.3.　返品の禁止について 2.2.3.4.　下請代金の減額の禁止について 2.2.3.5.　下請代金の支払遅延の禁止について 2.2.3.6.　手形の交付について 2.2.3.7.　購入・利用強制の禁止について 2.2.3.8.　不当な経済上の利益の提供要請の禁止について 2.2.3.9.　不当な給付内容の変更および不当なやり直しの禁止について 2.2.3.10.　報復措置の禁止について

（出典）　経済産業省：『情報サービス・ソフトウェア産業における下請適正取引等の推進のためのガイドライン』、2014年。

図表1.10　技術流出の防止策

◆以前はユーザーからの要請で図面を提出していたが、経済産業省の「金型図面や金型加工データの意図せざる流出の防止に関する指針」を理由に図面の提出を断っている。（素形材・金属プレス） ◆以前は大手企業からの工場見学に応じていたが、過去に何度か技術情報が流出したと疑われる事態が発生したことから、現在では、経済産業省の「営業秘密管理指針」を参考に、秘密保持契約の締結や見学箇所の限定等を行わない製造現場の視察については、原則として断っている。（光学機器・電子光学部品）

（出典）　中小企業庁：「下請適正取引等の推進のためのガイドライン」、2015年。

　オープンイノベーションにおいて、スタートアップ企業と大手企業が連携し成果を出すには、下請事業者と親事業者の関係ではなく対等な関係であるべきである。大手企業が蓄積してきた経営資源とスタートアップ企業の強みであるスピードを掛け合わせることで、新しい事業をスケールさせることが、大手企業とスタートアップ企業のオープンイノベーションで期

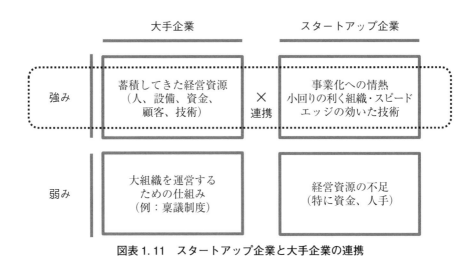

図表 1.11　スタートアップ企業と大手企業の連携

待される効果である。その実現のためには、大手企業はスタートアップ企業を「パートナー」としてその強みを尊重しなければならない(図表1.11)。

第 1 章の参考文献

[1] オープンイノベーション協議会:「オープンイノベーション白書　初版」、2016 年。
[2] ジャパンベンチャーリサーチ:「ベンチャー企業　資金調達速報レポート」、2018 年。
[3] シュムペーター(著)、塩野谷祐一、東畑精一、中山伊知郎(訳):『経済発展の理論──企業者利潤・資本・信用・利子および景気の回転に関する一研究〈上〉』、岩波書店、1977 年。
[4] ZAI ONLINE ザイ編集部:「米国株の「時価総額ランキング」ベスト 10 を発表!　アマゾンやフェイスブックなど、高値更新中の米国株は大型株でも高成長が見込めて増収率も高い!」、2017 年 11 月 28 日公開 http://diamond.jp/articles/-/150750
[5] プリファードネットワークス HP　https://www.preferred-networks.jp/ja
[6] 経済産業省:「オープンイノベーションに係る企業の意思決定プロセスと課題認識について」、2016 年。
[7] 経済産業省:「情報サービス・ソフトウェア産業における下請適正取引等の推進のためのガイドライン」、2017 年。
[8] 中小企業整備機構:「ベンチャー企業の人材確保の関する調査」、2011 年。
[9] 中小企業庁:「下請適正取引等の推進のためのガイドライン」(概要およびベストプラクティス)」、2015 年。
[10] 中小企業庁:「中小企業政策審議会 "ちいさな企業" 未来部会(第 3 回)法制検討ワーキンググループ」配布資料、2012 年。

第2章

オープンイノベーションの実践
～アクセラレータプログラム～

2.1 アクセラレータプログラムとは

アクセラレータプログラム(accelerator program)とはスタートアップ企業の成長を加速するためのプログラムである。アクセラレータプログラムは進化途中であり正確に定義することは難しいが、リッチモンド大学のSusan G. Cohen の定義によれば「"A fixed-term, cohort-based program, including mentorship and educational components, that culminates in a public pitch event or demo-day" 定められた期間、複数のスタートアップ企業がメンタリング(メンターと呼ばれる事業構築のプロフェッショナルによるアドバイス)や講義・演習を受け事業を成長させ、デモデイ(成果発表会)での成果発表で完結するプログラム」である。以下、詳細を記載する。

なお、「アクセラレータ」はアクセラレータプログラムを運営する「組織」をさす場合と「プログラム自体」をさす場合があるので注意が必要である。また、プログラムの対象スタートアップ企業がシード期であることが多いため、シード・アクセラレータ(またはスタートアップ・アクセラレータ)とも呼ばれる。

① **定められた期間**:プログラム期間は約3カ月が一般的である。ただし、ハードウェア開発が伴う事業の場合はより長期間で設定されることもある。短期間であることでスタートアップ企業は素早く事業を成長させることができる。たとえ失敗する場合でも、素早く失敗することで、次に新たな事業に取り組むことできる。Susan によると3カ月である理由は、スタートアップ企業は期間中休みなしに働くことになる場合が多いため、このペースを長期間続けることは難しいためである。

② **複数のスタートアップ企業**:1回のプログラムには複数のスタートアップ企業が参加する。この間、スタートアップ企業同士の交流により相互に刺激しあう効果がある場合もある。

③ **メンタリング**：スタートアップ企業はアクセラレータや投資家、起業家経験者、プログラム卒業生などから構成されるメンターによるメンタリングをうける。メンタリングでは、ビジネスアイデアに対してメンターの知見に基づくアドバイスを加えたり、メンターのネットワークを活用してビジネスに役立つ人や組織につなげたり、ビジネスアイデアの曖昧な箇所を質問によって取り除いていき次のアクションが見えるように導いたりする。なお、メンタリング頻度はプログラムによってバラバラである。

④ **講義・演習**：アクセラレータや外部講師により、資金調達についての講義やプレゼンテーション演習などスタートアップ企業の成長に必要なメニューが提供される。

⑤ **デモデイ**：プログラム期間中の成果発表の場である。対外的にオープンなデモデイでは、投資家をはじめスタートアップ企業の顧客となり得る大手企業を招き成果発表を行う。スタートアップ企業にとっては投資家や顧客発見の大切な場となる。

アクセラレータはスタートアップ企業に出資し、Exit（イクジット：株式未公開企業に対する出資者が利益を得ること。主な方法には、IPO（株式公開）やM&Aによる第三者への売却などがある）によるキャピタルゲインを得ることで収益を得る。一方、スタートアップ企業の参加メリットとしては、講義・演習やメンタリングを受けられることやプログラムに採択されたことによる認知度の向上があげられる。また、プログラム期間中にスタートアップ企業が作業できるワーキングスペースが提供されるケースもある。

アクセラレータの歴史を見ると、世界初のアクセラレータはY Combinatorである。Y Combinatorは2005年にアメリカ合衆国マサチューセッツ州ケンブリッジにてポール・グレアムによって設立された。その後、Techstarsなど多くのアクセラレータが登場し、アメリカだけでなくヨーロッパをはじめとして多くの地域で誕生した。図表2.1に世界の代表的な

図表2.1　世界の代表的なアクセラレータ

アクセラレータ名
Y Combinator
Angelpad
Alchemist
Amplify LA
Chicago New Venture Challenge
MuckerLab
StartX
Techstars

（出典）　Seed Accelerator Rankings Project："2017 Seed Accelerator Rankings"

アクセラレータを示す。前述のように、誕生初期の収益モデルはスタートアップ企業のExitによるキャピタルゲインであった。しかし、Eixtまで至るスタートアップ企業の数は限られており、またExitまで至る場合も時間がかかる。

したがって、Exitからの収益だけではプログラム運営を賄えなくなってきており、徐々に収益モデルが多様化してきた。その収益モデルの多様化の1つとして、企業アクセラレータプログラムが誕生した。企業アクセラレータプログラムでは大手企業が主催するプログラムをアクセラレータが企画・運営面で支援する。アクセラレータはスタートアップ企業に出資するだけでなく、大手企業への支援の対価として収益を得る。これがアクセラレータの視点からの企業アクセラレータプログラムが生まれた理由である。一方で、大手企業の多くが自社のみでの新規事業開発に限界を感じ、新たな方法を模索していた。このような大手企業の切実なニーズに対応して、アクセラレータが企業アクセラレータプログラムを生み出したともいえる。

なお、大手企業がアクセラレータプログラムをアクセラレータにアウトソースせず、すべてインハウスで実施する場合もある。

（シード）アクセラレータプログラムと企業アクセラレータプログラムには複数の違いがある。以下、それらについて記載する。

① **スタートアップ企業にとってのメリット**：スタートアップ企業にとっての企業アクセラレータプログラム特有のメリットは大手企業が提供するリソースである。例えば、取り組む事業分野の専門家へアクセスできる。スタートアップ企業にとって新たな事業を行う場合、自分たちの持ち合わせていない専門知識や業界知識を得るのは通常時間がかかる。しかし、専門家に聞くとすぐに解決でき、解決のヒントを得ることができる。また、大手企業が持つネットワークにより顧客検証や顧客開拓が容易になる。

② **主催**：アクセラレータプログラムではプログラムを開催する主体がアクセラレータである。一方で企業アクセラレータプログラムの主体は大手企業だ。

③ **デモデイ**：アクセラレータプログラムではベンチャーキャピタル（VC）や事業会社を招いてオープンなデモデイを開催するのが通常であるが、企業アクセラレータプログラムでは社内のみで開催する例もある。

2.2 アクセラレータプログラムの効果

前述のように、企業アクセラレータプログラムを開催する主体は大手企業であり、財務的な効果（キャピタルゲイン）だけでなく複数の効果が期待できる（図表2.2）。以下では大手企業にとっての企業アクセラレータプログラムの効果を記載する。Exitによるキャピタルゲインに加えて、大きく「事業面」「組織・人材面」への効果がある。

2.2.1 事業面における効果

事業面については、「新規事業の創出」の他に、短期的に効果が期待で

2.2 アクセラレータプログラムの効果

図表 2.2 企業アクセラレータプログラムの効果

企業アクセラレータプログラムにより大手企業に期待できる効果	
事業面において期待できる効果	① 既存事業の改善・効率化
	スタートアップ企業との協業により、既存事業のバリューチェーンの改善・効率化を実施する
	② 既存製品・サービスの付加価値向上
	スタートアップ企業との協業により、既存製品・サービスに新たな価値を付加する
	③ 新規事業の創出
	スタートアップ企業との協業により、新規事業を創出する
組織・人材面において期待できる効果	④ 社員の創造性・チャレンジ精神の向上
	スタートアップ企業が持つ創造的かつチャレンジ精神豊富な感性を受け、接点となる社員の創造性の向上が期待できる
	⑤ 組織風土の変革
	上記社員が起点となり、組織内における創造性やチャレンジ精神向上が期待できる

きる「既存事業の改善・効率化」や「既存製品・サービスの付加価値向上」がある。

① **既存事業の改善・効率化**：大手企業が製品・サービスを提供するまでに必要なバリューチェーン（企業の事業ステップ）を効率化できる。例えば、生産やメンテナンスなどの自社のバリューチェーンの一部をスタートアップ企業の技術やノウハウを用いることで時間短縮や無人化などが可能になる。これによりコストを圧縮し競合他社への優位性を築けるなどが考えられる。

② **既存製品・サービスの付加価値向上**：大手企業が顧客に提供する製品・サービス自体の付加価値を向上することができる。例えば、スタートアップ企業の技術やノウハウによって既存の製品に新機能を追加するなどが考えられる。

③ **新規事業の創出**：大手企業が思いつかないようなビジネスアイデアをもとに新規事業を創出することができる。また、大手企業の社員がビジネスアイデア自体を思いついても事業化までは検討されず、そのまま放置される、というのはよくあるケースである。企業アクセラレータプログラムでは限られた期間中で一気に事業化を進めるため、アイデアをアイデアのままにしない効果がある。

さらに、新規事業を立ち上げる際には自社や自社グループ企業の製品・サービスとのカニバライゼーション(共食い。自社の製品やサービスが同じ市場においてシェアを食いつぶしあうこと)が問題になることがある。しかし、企業アクセラレータプログラムでは、外部のスタートアップ企業が開発の旗振り役となる場合が多く、開発において大手企業の風土や開発プロセスに完全に依存することがないため、カニバライゼーションが問題となりづらい。

新規市場(顧客)に新製品・サービスを提供する事業を開発する場合には、市場(顧客)にも製品・サービスにも取っ掛かりがないため、成功のハードルが高い。一般的にはM&Aにより実現されることが多いが、スタートアップ企業と協業することにより、スタートアップ企業のネットワークの活用も可能である。また、大手企業、スタートアップ企業双方に顧客へのネットワークがない場合は、アクセラレータのネットワークを活用し、顧客ネットワークを持つ企業との協業などを考慮すべきである。

2.2.2 人材・組織面における効果

人材・組織面については、「社員の創造性・チャレンジ精神の向上」と「組織風土の変革」の効果が期待できる。

④ **社員の創造性・チャレンジ精神の向上**：スタートアップ企業と協業することが、ともに事業開発を担当した大手企業社員に刺激となる。スタートアップ企業の多くは創造的かつチャレンジ精神が豊富であ

る。彼らと時間を共有することによって、社内人材から受ける刺激とは別の新たな刺激が期待できる。また、スタートアップ企業はビジネス立ち上げに関して最新の知見や経験を有している場合が多く、大手企業社員はスタートアップ企業との共同のビジネス立ち上げを通して、それらの知見を得ることができる。その知見が社内での新たなビジネス立ち上げというチャレンジへのハードルを低くする。
⑤ **組織風土の変革**：一部の社員が刺激を受け変わることによってその社員を基点として組織風土の改革が進むことも期待できる。

なお、以上のような効果も考慮しスタートアップ企業選定の際にはビジネスアイデアだけではなく、スタートアップ企業のチームを特に重視した選考もあり得る。

2.3 企業アクセラレータプログラムの流れ

さて、以下では企業アクセラレータプログラムの流れを示す（図表2.3）。ここで示すのは、三菱UFJリサーチ＆コンサルティング（MURC）が提供する企業アクセラレータプログラムの流れだが、他のプログラムも概して同じような流れである。プログラムを大きく分けると、3つのフェーズからなる。企画設計フェーズ、マッチングフェーズ、事業化フェーズである。

2.3.1 企画設計フェーズ

企画設計フェーズはプログラム全体の企画および設計をするためのフェーズである。このフェーズではまず、自社がプログラム中で提供できるリソースを把握する必要がある。例えば、スタートアップ企業に提供可能な技術、ネットワーク、データなどがリソースとなり得る。ここで、大手企業担当者はリソースが社内調整できるかどうかに注意を払う必要がある。例えば、ある技術を提供できると考えていても、技術を持つ社員が多忙で

第2章 オープンイノベーションの実践

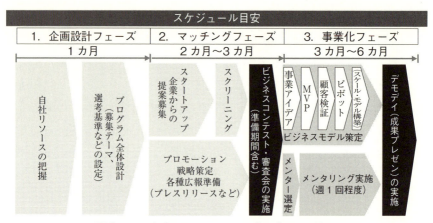

図表2.3 企業アクセラレータプログラムの流れ

プログラムに協力してもらえない場合もある。

次にプログラム全体設計では、募集テーマや選考基準、選考プロセス、応募フォーム内容、スタートアップ企業のソーシング手段、出資の有無、採用スタートアップ企業数、プログラムの中で生まれる特許の扱い、プログラム全体スケジュールなどを決めていく。募集テーマ決めの際には、自社が提供できるリソースを考慮する必要がある場合もある。また、想定されるビジネスアイデアが自社の長期ビジョンの中のどこに位置づけられるのかをイメージしておく必要がある。

2.3.2 マッチングフェーズ

マッチングフェーズはスタートアップ企業を選考するためのフェーズである。スタートアップ企業を選考し、大手企業とマッチングする。このフェーズではWebページ、SNS広告などを使用してスタートアップ企業にプログラムを告知する必要がある。

具体的には、全体設計で決めた内容を掲載するためにWebページを用意したり、Facebook広告などを活用したりする。また、説明会を設けることで大手企業およびスタートアップ企業双方にとって、お互いの熱意や

本気度を示すことができる場が必要である。熱意や本気度を示し、魅力的なプログラムであるとアピールするために、大手企業にはプレゼンテーション能力が求められる。

また、B2B企業は一般的な知名度がなくスタートアップ企業が提供リソースをイメージしづらいため説明会は重要である。説明会では個別のブースを設け、大手企業担当者とスタートアップ企業が直接話し、質問しあえる場を設けるのがよい。

プロモーション戦略では、企業アクセラレータプログラムの取組みを対外的にアピールすることが必要である。プログラムを積極的に広報することにより、スタートアップ企業だけでなく、他の大手企業からの引き合いが増える可能性がある。大手企業の関連する業界紙はもちろん、スタートアップ企業が見る可能性が高いメディアへの掲載を試みるのがよい。

スクリーニングでは、書類選考および面談選考を行う。スタートアップ企業からの応募に対して、事前に決めておいた選考基準をもとに評価する。この際にアイデアが重要なこともさることながら、スタートアップ企業の人を見て判断することも非常に重要である。大手企業にとって、採択されたスタートアップ企業には資金提供を行う可能性が高く、また数カ月間ともに事業を作っていくチームとなる。プログラム終了後にも末永く付き合いを続けていくことも少なくないため、このチームと一緒に事業を作っていきたいと思えるようなスタートアップ企業を採用するのが望ましい。

2.3.3 事業化フェーズ

事業化フェーズは採用したスタートアップ企業のビジネスアイデアを事業化していくフェーズである。大手企業はまず、スタートアップ企業それぞれに対してプロジェクトリーダー、技術担当、事業化担当などを決め、社内体制を整える。また、スタートアップ企業と話し合い、デモデイ（成果発表会）までのスケジュール、大手企業・スタートアップ企業それぞれ

の役割分担や開発資金などについて合意する。ただし、これらは事業化の進捗に応じて適宜変更していく。

　事業化では、応募時のビジネスアイデアに基づいて顧客検証や開発を進めていく。大手企業はスタートアップ企業に開発資金やメンタリングを提供する。メンタリングではビジネスモデルで曖昧な箇所を実行できる段階まで詳細化したり、顧客検証や顧客開拓などに必要なネットワークを提供したり、業界の専門的な知見を提供したりする。応募時のビジネスアイデアはあくまで仮説であり、顧客検証などを通して必要な場合は変更していく。ここではリーンキャンバスなどを用いてビジネスモデルを整理しながら進めるのがよい。また、ビジネスチャットツールを活用して密に情報共有できる場を設けることが望ましい。

　大手企業はデモデイ（成果発表会）を区切りとして今後事業化を進めるか、取り止めるかを判断する。事業化を進めるかどうかの判断基準としては、事業の将来性もさることながら、事業に可能性を感じていてどうしてもその事業を成し遂げたいと考える担当者がいることが重要である。そうでないと事業を進めていくうえでの困難に対処できず、スタートアップ企業、大手企業両方にとって不幸となる。

　また、大手企業はスタートアップ企業にいくらか出資しておくことが理想的である。例えば、ビジネスが立ち上がった際に大手企業の役割が小さくコアとなる技術やノウハウがすべてスタートアップ企業にある場合は、大手企業なしでビジネスができてしまう。このような場合に、初期の開発費用を負担したという理由で契約によってビジネスからの利益を一部得ることは可能だが、スタートアップ企業の成長にとって望ましくない。

　また、メンターにはできれば社内人材だけでなく、社外人材を入れるのが望ましい。メンターとして事業化のプロが入ることにより、事業化の際の視野が広がると同時に大手企業担当者にとっても学びの機会となり得る。

2.4 国内アクセラレータプログラムの事例

日本国内におけるアクセラレータプログラムの事例を紹介する(図表2.4)。金融やメーカーなど、さまざまな領域の大手企業が開催しており複

図表2.4　国内におけるアクセラレータプログラムの一例

領　域	大手企業名	アクセラレータ名
メーカー	トヨタ自動車	TOYOTA NEXT
	Sony	Sony Seed Accelera3on Program (SAP)
	ヤマハ	ヤマハアクセラレーター
	ニコン	Corporate Accelerator Program
	古河電工	古河電工アクセラレーター 2018
	キリン	KIRIN アクセラレーター 2018
	バンダイナムコ	バンダイナムコアクセラレーター 2018
商社	伊藤忠商事	伊藤忠商事アクセラレーター 2018
	三菱商事	三菱商事アクセラレーター 2017
小売	三越伊勢丹ホールディングス	三越伊勢丹グループアクセラレーター
金融	三菱 UFJ 銀行	MUFG Digital アクセラレータ
	セブン	セブン銀行アクセラレータ 2017
エネルギー	東京電力	CHANGE and CHALLENGE IoT SCALERATOR PROGRAM
	中部電力	COE(声)　Business factory 2017
	四国電力	四国電力アクセラレーター 2018
	東京ガス	Tokyo Gas Accelerator2017
	JXTG グループ	JXTG グループアクセラレーター
鉄道・運輸・物流	JR 東日本	JR EAST STARTUP PROGRAM
	東急電鉄	TOKYU ACCELERATE PROGRAM
	京急電鉄	「KEIKYU アクセラレーター」プログラム
	日本郵便	POST LOGITECH INNOVATION PROGRAM
	ヤマトホールディングス	ヤマトグループアクセラレーター 2017
	西濃運輸	SEINO Accelerator 2017
建設	高砂熱学工業	第2回高砂熱学工業アクセラレータ
医療	田辺三菱製薬	田辺三菱製薬アクセラレーター
通信・IT	富士通	富士通アクセラレータプログラム
	NTT 東日本	NTT 東日本アクセラレータプログラム
	KDDI	KDDI ∞ Labo
メディア	中京テレビ	CHUKYO-TV INNOVATION PROGRAM
	朝日メディアラボベンチャーズ	朝日メディアアクセラレータープログラム
教育	学研ホールディングス	学研アクセラレーター 2016
サービス	三菱 UFJ リサーチ＆コンサルティング	MURC アクセラレータ LEAP OVER　第2期
	Plug and Play Japan	Batch 1
自治体	東京都	TOKYO STARTUP GATEWAY 2018
	大阪市	OIH シードアクセラレーションプログラム
	ASAC	ASAC アクセラレーションプログラム

数回実施する企業も少なくない。企業アクセラレータプログラムの中には、大手企業がインハウスで開催するプログラムもあるが、多くは外部のアクセラレータが企画・運営を支援している。なお、当社(MURC)はアクセラレータとして、大手企業の企業アクセラレータプログラムを支援している。また、自社主催のアクセラレータプログラムも開催している。

第2章の参考文献

[1] Susan G. Cohen: "Accelerating Startups: The Seed Accelerator Phenomenon", march, 2014.
[2] Florian Heinemann: "Corporate Accelerators: A Study on Prevalence, Sponsorship, and Strategy", August, 2015.
[3] Gust: *GLOBAL ACCELERATOR REPORT2015*.
[4] Gust: *GLOBAL ACCELERATOR REPORT2016*.

Column ① 世界のオープンイノベーション戦略

●世界のイノベーション・エコシステムを俯瞰する

　日本のオープンイノベーションから目を転じて、世界のオープンイノベーションの動向を見てみよう。オープンイノベーションは、いまや花盛りである。一歩先を行くアメリカをはじめ、ヨーロッパ、南北アメリカ、アジアの各国でも産業政策の主軸となっている。その構成要素は、起業家、企業、知財の供給元として大学・研究機関、リスクマネーの出し手としての投資家、支援・規制の主体としての政府と同様である。どの国にもイノベーションを創出する「仕組み」、「場」、「人材育成」を担うエコシステム（ビジネス生態系）がハブとして存在し、インキュベーション（事業創出、創業支援。もともとは孵化という意味）やアクセラレーション機能を担っている。

　ただし、国により歴史的な経済・産業発展の経路や段階、つまり国の比較優位性が異なる。それゆえ、各エコシステムは固有の強みや弱みを持っている。本コラムでは、まず、世界のイノベーション・エコシステムを俯瞰し、次いで、その特性に注目し、企業が海外のイノベーション・エコシステムを活用する場合の留意点について考えてみたい。

　例えば、「AI・Big Data・Analytics」や「Fintech」は、ほぼどの国でもエコシステムが形成されていて、産業集積が進んでいることがわかる。そして、それに「Manufacturing & Robotics」、「Health & Life Science」、そして「Adtech」が続いている。一方、他の領域は、世界に分散、つまり一定の棲み分け傾向があることがわかる。「Biotech」であれば、ハーバード大学があるボストンとスタンフォード大学があるシリコンバレーがメッカである。「Blockchain」であれば、ロンドンと北京により多くのスタートアップ企業が誕生する傾向がある。そして、「Cleantech」であれば、シアトル、ロサンゼルス、ストックホルムが、「Cybersecurity」であれば、ニューヨーク、フランクフルト、テルアビブがそうであるという具合

Column ① 世界のオープンイノベーション戦略

である。

●エコシステム間の補完性

　続いて、このような世界のイノベーション・エコシステム環境を前提にした場合、どのような点に留意してグローバルなオープンイノベーション戦略を立てるべきか考えてみよう。

　まず、押さえるべき点は、エコシステム間の補完性である。この点は、実は大切である。なぜならば、グローバル戦略では、一国内に閉じたオープンイノベーション戦略では視野に入ってこないエコシステム間の結合や連携がチョイスに加わるからである。オープンイノベーションには、

　①　アイデア創出の段階
　②　研究開発加速の段階
　③　社会実装・市場獲得

の段階の3段階がある。グローバルな観点から、この段階に応じたエコシステムを複数選び出し、補完的に組み合わせて活用することは有効な戦略である。

　1つの事例として、エコシステム間の比較優位性を活かした連携を考えてみよう。シリコンバレーには、スタンフォード大学があり、世界最高水準の研究者が集まっている。その周りには投資家をはじめとするスタートアップ支援のインフラも整っている。そのため、先端技術のR&Dやその事業化に向けたインキュベーション能力は、世界の中でも頭1つ抜けている。近年のAIブームの火付け役となっているのは記憶に新しいことであるし、最近では、医療エンジニアリングが、そのような先端領域の1つとなっている。つまり、「①アイデア創出」と「②研究開発加速」のオープンイノベーションに適した環境が整っている。しかし、その一方で、世界的なAI化が進む中で、シリコンバレーであってもデータサイエンティストが不足するという傾向が続いているという課題がある（当然のことながら、データサイエンティストの報酬額も上昇傾向が続いており、現地の

コスト圧迫要因となっている）。

　これに対し、インドには予備軍を含めれば、データサイエンティストやエンジニアの巨大なプールが存在し、報酬金額もシリコンバレーほどは高くない。加えて、技術的にもシリコンバレーとの競合という段階には至っていない。従来、インドは、先進国のソフトウェアやオペレーションのアウトソース先として位置づけられてきたが、今日ではシリコンバレーをはじめとする先進国のオープンイノベーション・エコシステムへの人材供給源もしくは協働相手国となっている。さらに、インドは法律・規制が先進国に比べてあまり厳しくないという環境があることから、先進国で生まれた新技術の社会実装の場としての利用されることも増えてきた。つまり、「③社会実装・市場獲得」に適した環境があるわけである。

　戦略的には、シリコンバレーとインドという2つのエコシステムの、それぞれの比較優位性を活かした連携が可能であり、そうすることが単独では成し遂げることが難しい価値創造を実現させるオプションとなるのである。さらに、このような連携は、社会実装を通じ、現地ニーズを踏まえた製品・サービスの独自の進化を生み出し、それを先進国へ逆輸入するという「リバース・イノベーション」のケースも生み出しているので、きわめてユニークなオープンイノベーション戦略を構築できる可能性を秘めている。

●エコシステム間の競合性

　2つ目のポイントは、エコシステム間の競合性である。起業家、企業、そして投資家は、世界中で最も有利な環境条件を求めて移動する。端的にいえば、最も安く最も優れた人材を確保でき、最も好条件で起業可能な行政手続き・規制・税制が存在し、最も好条件で資本調達可能な国や都市が選ばれることになる。仮にスタートアップ環境条件が、隣国に対して劣位であれば、起業家、企業、資本は隣国へと流れてしまうことになる。なので、そこには産業誘致を目的とした国家間の競合関係が発生する。勝者

Column ① 世界のオープンイノベーション戦略

は、産業競争力はもちろん、国際的な産業ルール形成への影響力も手に入れることができるゼロサムゲームである。

● どのスタートアップ企業と組むか

　もう少し考えてみよう。世界トップクラスの教授や学生が存在し、諸規制が緩く、各種支援プログラムが充実してれば、イノベーティブな起業家や企業を呼び込みやすくなる。ひいては国の産業競争力の向上を実現することができることになるわけだから、一般的には政府に規制緩和圧力がかかることになる。この点について目を転じて、起業家、企業、投資家の観点からすれば、これは現地政府から好条件を引き出すための交渉材料にもなる。なので、海外のオープンイノベーション・エコシステムを選択する際には、この観点からの検討は大切である。

　具体的な事例を思い浮かべて、頭の体操をしてみよう。日本企業が、ブロックチェーンのスタートアップ企業と組んでオープンイノベーションをめざす場合、ロンドンのスタートアップ企業と組むべきだろうか？　それとも北京のスタートアップ企業と組むべきだろうか？

　ロンドンは、オックスフォード大学、ケンブリッジ大学をはじめとする世界有数の頭脳を抱えた先進国であるが、Brexit（イギリスのEU離脱）に代表される地政学的リスクを抱えている。一方の中国は、今やデータサイエンティストの育成人数やAIのスタートアップ資金調達額でもアメリカを凌ぐ勢いであり、背後にある市場規模や成長率も昨今やや陰りはあるとはいえ右に出る者はいない。さあ、中長期的な観点からイギリスと中国の政府間競争の行方を視野に入れた場合、どちらを選ぶべきであろうか？

　サイバーセキュリティをテーマにした場合のチョイスは、ニューヨーク、フランクフルト、テルアビブが選択肢として浮上する。サイバーセキュリティは、国益にも関連する課題であり、どの国がサイバー脅威に最も真剣なのか、どの国がセキュリティ人材を最も豊富に有しているのか、どの国が研究資金を最も潤沢に持っているのかなど、検討すべき課題が浮か

ぶ。どちらの事例にせよ、一度、判断をしてしまうとなかなか後戻りはできないだけに、慎重な判断が必要である。

　このように、グローバルな世界では、各国の優位性に基づくオープンイノベーション・エコシステムが形成されている。そして、それは補完性と競合性の2つのドライバーにより、ダイナミックな変化を続けている。これをどう見きわめるかが、グローバル・オープンイノベーション戦略の重要な点である。

　　　（参考文献）　"Global Startup Ecosystem Report 2018", Startup Genome

第3章

実践から得た アクセラレータプログラム 運営のポイント

この章では、オープンイノベーションの実践として昨今さまざまな企業が取り組んでいるアクセラレータプログラムについて取り上げ、アクセラレータプログラムを実施するうえでの心得やポイントをまとめている。アクセラレータプログラムの企画者側の視点でポイントをまとめているが、各事業部の方がメンバーとして関わる場合にもこのような点が考慮されたプログラムの設計になっているのか、という視点を持てることは重要であり、もし欠いている場合には改善を提案するなど具体的な行動に出ていただきたい。

3.1　企画設計フェーズの重要性

　三菱UFJリサーチ＆コンサルティング(MURC)は日頃企業の新事業開発やオープンイノベーションの取組みをサポートしているが、最も強くお伝えするのが「企画設計フェーズの重要性」である。「他社もやっているから」と自社の実施目的については腑に落ちないまま始めてしまう企業は少ないと思うが、それでも初めての経験で手探りの中で取り組む企業も多いのではないだろうか。

　MURCでは、図表3.1に示すようにビジョン・経営方針の元で全社戦略を構築し、その全社戦略を踏まえて新事業開発戦略を立案している。新事業開発戦略においてその戦略の高度化を図る手段の1つにオープンイノベーションを据え、オープンイノベーションを実践する1つの手段としてアクセラレータプログラムを据えている。

　よって、ときには全社戦略立案から入り、全社戦略との整合性をもって事業部戦略や新事業開発戦略を設計し、その一手としてオープンイノベーションのサポートをさせていただく。詳細は第4章をご参照いただきたいが、自社のリソースやアセットの整理・理解と新事業の領域の仮説を構築するのが企画設計フェーズである。アクセラレータプログラムのスケジュール、体制、周知方法、ファシリティ面といった準備もこの企画設計フェ

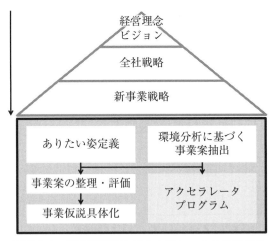

図表3.1　新事業戦略とアクセラレータの位置づけ

ーズで行うことになる。

3.2　マッチングフェーズの留意点

　企画設計フェーズを終えて、いよいよスタートアップ企業を募集しマッチングするフェーズになる。ホームページなどで周知し、募集分野や提供できるリソース、参加するメリットなどを提示して募集をかけ、一次(書類)審査、二次(プレゼンテーション)審査を経て、スタートアップ企業を決定するのが一般的な流れになる。より多くのスタートアップ企業に応募してもらうためには参加メリットや本気度を伝えることが重要になる。企業のアクセラレータプログラムをサポートさせていただく中で特に感動するのは、企業側の知識・経験・ノウハウの豊富さと層の厚さである。こうした部分はスタートアップ企業が持っていないことも多く、大手企業のアドバイスがとても役に立っている。募集の際に表現するのが難しいが、目に見えるリソース、アセットだけでなく、その業界における圧倒的な知識・経験・ノウハウはスタートアップ企業にとって参加するメリットにな

る。

　次に、一次審査、二次審査における留意点をお伝えしたい。1つはスピード感とマッチング後の体制面の兼ね合いだ。大勢の目で広く可能性を取ることは重要だが、審査に大勢が関わる分時間がかかってしまい、スタートアップ企業の決定までに半年かかるようでは本末転倒である。例えば、一次審査は事務局の目線である程度絞り込み、ビジネス領域として関連する部門にもあらかじめ見てもらい、「関心がある」と手をあげる部門があった場合には二次審査に進んでもらう。

　二次審査は「関心がある」とした部門のメンバーに審査員として参加してもらい、「一緒にやる」という合意が得られれば、決定する。どのようなやり方にせよ、決定の段階でどのスタートアップ企業にどの部門の誰が伴走するのか明確にしておくことが重要だ。

　最後に、参加してくださったスタートアップ企業への敬意を忘れてはならない。一次審査、二次審査はスタートアップ企業との接点であり、企業を知ってもらい今回に限らず今後ビジネスで協力できる可能性を広げるよい機会である。いつの間にか勘違いして審査員と応募者の関係になってしまい、プレゼンテーションの際に質問攻めにする方を見かけることがあるが、マッチングは双方が選ぶ場である。スタートアップ企業からも見られ、判断されていることを忘れてはならない。

3.3　事業化フェーズの３つの要素と構成

　われわれは「Open Innovation Platform LEAP OVER」というオープンイノベーションを推進・サポートする事業を運営しており、独自のアクセラレータプログラムを開発してきた。アクセラレータプログラムは短期間で新たな事業の事業化スピードを加速させることを目的としており、そのために必要な要素が3つあると考えている。

　1つ目は、デモデイ（DEMO DAY）である。プログラムの最後にはデモ

第3章　実践から得たアクセラレータプログラム運営のポイント

デイと呼ばれる事業をお披露目する場を設けるのが一般的である。そのゴールに向け、どのように事業を引き上げていくかスケジュールを検討することになる。期間を区切り、その期間内に達成させるゴールを明確化する。事業を担うものなら当たり前にできていなければならないことかもしないが締切りが決められたほうがチーム一丸となりやすいのも事実である。

　2つ目は、メンタリングである。メンターにはベンチャーキャピタル（VC）、コーポレートベンチャーキャピタル（CVC）、アントレプレナーのほか協業に積極的な大手企業の担当者が入り、決定したゴールに向けスタートアップ企業の壁打ち相手としてビジネスプランのブラッシュアップを行う。この壁打ちによって、ビジネスプランが研ぎ澄まされ、余分なところが削り取られ、事業の魅力が引き出されていく。

　3つ目が提供リソースである。自社が持つリソースやアセット、プログラム期間中のワーキングプレイスのほか、メンターとして参加するVC、CVCからの投資検討、販路開拓協力など、目に見えるメリットのほか、先述した企業の知識・経験・ノウハウといった目に見えないものまで、事業化を加速するための要素を検討する必要がある。ワーキングプレイスを用意するのはシードのスタートアップ企業にとってはとてもありがたいものである。コラボレーションする企業やメンターとの面談でいちいち移動時間を取らせているのはスタートアップ企業の時間を奪うことである。スタートアップ企業にとっても事業にとっても時間はお金に変えられない貴重なものであり、アクセラレータプログラム期間中自由に使用できる場所を用意しておくことは重要だろう。

　図表3.2はLEAP OVERが運営するアクセラレータプログラムの基本的構成である。

　われわれはアクセラレータプログラムを約16週間で設計している。参加するスタートアップ企業の状況にもよるが、基本的に最初の4週間（第1フェーズ）はアイデア確認のための「Building（構築）」フェーズとし、

3.3 事業化フェーズの3つの要素と構成

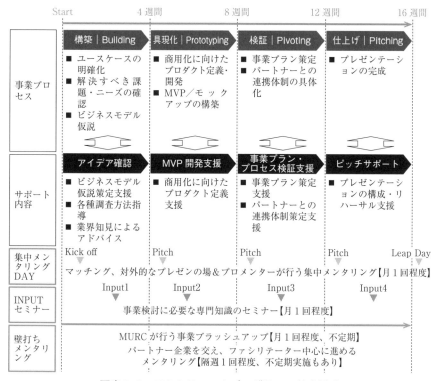

図表3.2 アクセラレータプログラムの基本構成

解決すべき課題・ニーズの整理と確認、ビジネスモデル仮説の構築にあてることになる。アイデアが固まると、次の4週(第2フェーズ)は必要最低限の機能を備えたプロダクトを開発するいわゆる「Minimum Viable Product（MVP）」フェーズとし、顧客の真のニーズを探りにいくこととなる。この結果、多くは想定どおりの顧客ニーズが確認できることは少なく、次の4週間(第3フェーズ)はプロダクトやサービス、マーケティングの方向性を調整する「Pivoting(検証)」フェーズにおいて事業プランを策定していくことになる。引き続き事業プランの策定とパートナーや顧客開拓を進めつつ最後の4週間(第4フェーズ)は来るデモデイで多くの潜在顧客に自社の事業を周知するための仕上げにあたる「Pitching(仕上げ)」フ

ェーズとしてプレゼンテーションの特訓に入る。

　以上が、われわれがベースにしているアクセラレータプログラムの構成であるが、他の企業がアクセラレータプログラムを実施する場合には、その企業が提供するリソース、事業領域などに応じて、期間やプログラム内容を調整する必要がある。

3.4　アクセラレータプログラムに重要な5つのポイント

　ここからは当社(MURC)が2017年3月23日(木)に開催したOpen Innovation Forumにて、「オープンイノベーションに失敗しない5つのポイント」というテーマで実施したパネルディスカッションの内容を「企業アクセラレータの心得5カ条」としてまとめたものをベースに、アクセラレータプログラムを実施するうえで重要なポイントについて説明したい。本書を執筆するにあたり、最新の情報となるよう多少手を加えている。

企業アクセラレータの心得5カ条
1　ゴールは、主催企業ではなくスタートアップ企業のアクセラレートであること
2　スタートアップ企業をアクセラレートすべくしっかりとした体制を構築すべき
3　参加者のインセンティブに配慮すること
4　相手を尊重すること(信頼関係の構築)
5　成果にこだわること

　最初に「何のためにアクセラレータプログラムをやるのか？」という目的をしっかりと整理しておく必要がある。主催企業はアクセラレータプログラム本来の意義を理解し、そのために自社としてどのような貢献ができ

るのかを考えることが、企業アクセラレータを成功させるうえできわめて大切である。

〈Open Innovation Forum 開催概要〉

開催日時　2017年3月23日

第1部　講演「MURGのオープンイノベーションへの取組みと今後の展望」

第2部　パネルセッション「オープンイノベーション実践からの示唆」

登壇者(所属・役職は2017年3月当時のもの)

上原高志氏(三菱UFJフィナンシャルグループ　イノベーションラボ所長)

藤井達人氏(三菱UFJフィナンシャルグループ　デジタルイノベーション推進部　アクセラレータ責任者)

中嶋淳氏(アーキタイプ㈱　代表取締役　マネージングパートナー)

中溝和孝氏(国立研究開発法人　情報通信研究機構　オープンイノベーション推進本部　デプロイメント推進部門長)

杉原美智子(三菱UFJリサーチ&コンサルティング㈱　新事業開発室)

第3部　スタートアップによるピッチ(5社)

3.4.1　ゴールはスタートアップ企業のアクセラレーションである

　大前提として、企業アクセラレータは主催企業ではなくスタートアップ企業のアクセラレーションがゴールであるということ。主催企業の新事業開発を主目的とした企業によるアクセラレータプログラムの場合、スタートアップ企業が無償で開発させられて終わるケースも耳にする。こうした話はすぐにスタートアップ村の間で噂として広まり、主催企業のレピュテーションを大きく低下させてしまう可能性が高く、注意が必要である。

　われわれ自身も主目的はスタートアップ企業の事業をより確かな形にブラッシュアップし事業化を加速させることにあると思っており、そうした

スタートアップの優れたサービスのファーストユーザーや事業化するうえでの協業パートナーとなることで、自社のデジタルビジネスの加速化もねらっている。この2つを成り立たせなくては社内からアクセラレータプログラムの存在意義が問われ、存続が難しくなる。主催企業とスタートアップ企業が「親事業者と下請け事業者」という形式に陥らないようにコントロールすることが運営する主催者事務局の重要な役割となっている。

　当社では、シンクタンク、コンサルティングファームとして社会課題の解決や持続可能な地域社会の構築につながるビジネスを加速化するアクセラレータプログラムを主催している。当社がアクセラレータプログラムをやるべき理由は、シンクタンク、コンサルティングファームとして①政府・自治体による政策・制度では解決しにくい地域課題をビジネスで解決することへのチャレンジ、②スタートアップ企業や協力企業・協力自治体とともに社会ニーズをいち早く発見し、事業を開発するノウハウ・知見の高度化にある。そのため、われわれシンクタンクが日頃向き合う社会課題とスタートアップ企業が持つ最新のテクノロジー・ソリューションを掛け合わせる場としてのアクセラレータプログラムが必要であり、プログラムを通してスタートアップ企業の事業が加速することが、社会課題の解決につながると信じている。

3.4.2　スタートアップ企業をアクセラレートすべくしっかりとした体制を構築すべき

　続いて、パネルディスカッションでは体制面についての心得が議論にあがった。誰もが口をそろえるのが「トップのコミットメント」が重要であるということ。アクセラレータプログラムは短い期間で事業を加速化させることであり、スピード感ある意思決定が必要となる。その際、通常の意思決定ルートに乗せ、稟議・決裁までに数週間かかるようでは話にならない。

　トップ自らがアクセラレータプログラムに取り組む意義を打ち出し、そ

のうえでさらに理解者を増やす努力をする必要がある。メンターとしての社員の参画や、新たな取組みに前向きな関係各部を積極的に巻き込むなど、体制面を固めておくことがきわめて大切になる。スタートアップ企業のアクセラレートに向けたプログラムを実施する中で、社員のInnovationに対する意識が高まり、結果として「社内のスタートアップ化」、「Innovationの普通化」につながっていくという副次的効果もある。先日、ご一緒させていただいた大手企業の社員の方から「アクセラレータプログラムのメンターとして参加したお陰で、スタートアップ企業やVCメンターのみなさんの熱量・異文化に触れ、人生が変わった。」とお礼のメールをいただいた。みなさんにもぜひ、積極的にプログラムに関わることをお勧めしたい。

　さらに、外部メンター（VCなど事業化のプロ）は完全にスタートアップ企業側の立場で事業のアドバイスをしてくれる存在として重要である。例えば大手企業とスタートアップ企業が協業を検討している場合、無意識に大手企業側の論理で話の展開へ持っていこうとするときが出てくる。そんなとき、外部メンターがスタートアップ企業と大手企業の間に立ち、互いの言語を翻訳しスタートアップ企業の事業の視点で話の方向性を修正してくれるような役割も担っており、外部メンターの存在は企業アクセラレータを成功させるうえで欠かせない要素である。

3.4.3　参加者のインセンティブに配慮すること

　パネルディスカッションでは、プログラムを設計するうえでのポイントとして、参加者全員のインセンティブ設計についても話が及んだ。アクセラレータプログラムに関係する全員にとってのメリットを考慮して仕組みを構築しておけば、プログラムが自然にうまくまわっていく。

　まずは、スタートアップ企業がプログラムに参加するメリットをしっかり検討する必要がある。スタートアップ企業にとってのメリットの1つが大手企業のリソースやアセットだが、スタートアップ企業にとって何が魅

力的なアセットになり得るかは、内部の人間からは意外と気づかないことも多い。社内では当たり前のリソースやアセットが外から見ると魅力的に映ることもある。逆に、最大のリソース・アセットでありながら、社外に提供することができないものもあり、事前に整理・調整しておく必要がある。

次に、「出資を検討する」というのも参加するスタートアップ企業にとってメリットの1つになり得る。その場合、どこ（自社本体なのかグループ会社なのか外部なのかなど）で出資するのかも考えておく必要がある。

リソースや資金の次に重要なのがプログラム自体の充実度である。プログラム期間中にアドバイザーなどによる法務・契約、資本政策、知財戦略などの専門知識のインプットや外部・内部メンターによるメンタリング、事業ブラッシュアップなど、事業化に必要な要素を洗い出し、プログラムに組み込んでおくことが大切である。

最後に、プログラムに参加する社員（社内メンター）にとってのメリットを設計する必要がある。スタートアップ企業とのマッチング先になる各事業部にとってイノベーションにつながる可能性があることはもちろんであるが、それだけではなかなか社内メンターに理解されず「通常業務に加えてさらに業務を押し付けられた」と受け取られることも多い。しかし、プログラムを通してスタートアップ企業とともに新たな事業を開発し、事業化のプロセスを経験し、社内メンター自身もスタートアップ化され、各部門のキーマンとのつながりができ、他部門との連携が取りやすくなることなどは、これまでの事例から明確になっている。こうしたメリットがあるということをしっかり伝えることが大事である。

少し厳しくいうなら、そんなことも理解できないような事業部の担当者であれば、将来のリーダー候補としてふさわしい人材ではないと推測され、さらにはスタートアップ企業にも失礼な対応をしかねず、「負」のオーラをまとって参加されプログラムを失敗に導く要因となりかねないので、適任とはいえない。

3.4.4　相手を尊重すること（信頼関係の構築）

　ここまでは、アクセラレータプログラムの企画段階における心得について述べてきたが、ここからは、いざ参加スタートアップ企業も決定し、チームを組成して約4カ月のプログラムがスタートする段階での心得として大事だと思うことを紹介したい。

　1つは、主催する大手企業メンバーと参加スタートアップ企業で組成されるチームメンバー間に信頼関係を構築できるか、ということ。アクセラレータプログラムは限られた期間でチームを組成し、成果を上げる取組みであり、いかに短期間で信頼関係を構築できるかどうかが鍵といっても過言ではない。特に、主催する企業側のスタートアップ企業と向き合う姿勢は最初に統一しておく必要がある。

　参加するスタートアップ企業を、下請け企業扱いするような姿勢で臨む方がいらっしゃるが、これはもってのほかである（もう、そういう企業は絶滅危惧種であると思いたい）。ともに新しい事業を開発していく共創チームである。

　逆に、互いに気を遣い過ぎて本音で会話できないケースも見受けられる。チームでのミーティングの初期の段階で主催企業側とスタートアップ企業側両者がいま見えている「課題」をオープンに出し合うのは重要なプロセスとなる。「持っていないものは何か？」を最初から伝えることによって、互いに提供できるか否かがわかり、協力関係がスムーズに構築できるようになる。お互いの課題を出し合って議論するうちに、いままで考えつかなかった素晴らしいアイデアが生まれる可能性もある。

　また、知的財産権（IP）の取り扱いについては参加する社員の方々にもしっかりと理解をしていただく必要がある。アクセラレータプログラムでは開発したIPは「基本的にはスタートアップ企業のもの」というスタンスを取るが、いざ現場の事業部と調整が必要になった段階で、事業部からは簡単に理解してもらえないこともある。そのような社内調整に時間を要することでIPの価値が劣化し、結局意味のないものになってしまう可能性

も高く、事前にいくつかケースを想定し、対応方法を検討しておきたい。
　繰り返しになるが、大手企業がアクセラレータプログラムを運営する際には、スタートアップ企業のアクセラレーションがゴールであることを常に意識することが必要である。この意識を徹底させることが、大手企業とスタートアップ企業の信頼関係構築のカギであり、新たな事業を加速させるという成果に向けても重要である。

3.4.5　成果にこだわること

　最後に、運営上のテクニカルなポイントはいろいろあるが、結局一番大事なのは「やり抜く力」や「担当者の情熱」があるかどうかにかかっているというのが経験したみなさんの声である。当然のことながら新しい事業を生み出し、加速させる取組みに「Passion（情熱）」が欠けていては成り立つはずがない。どんなに用意周到でも、大きな壁に直面するものである。これを乗り越える気概があるか、が一番重要だと思う。
　ただし、その壁を少しでも低くしたり、薄くしたり、穴をあけたりするうえでのポイントもいくつか言及された。例えば、「小さくても成果が出ていることをきちんと発信すること」がプログラムを継続しようという組織の空気感につながる。大手企業であれば、「稟議が必要ないアクション」や「Demo版のリリース」「インタビュー記事の掲載」など小さな成果を仕込んでおくことも継続するうえでは重要である。
　プログラムを運営していくうちについプログラムを実施し、無事に運営し終えることが目的のようになってしまうときがある。プログラムを運営することは本来の「成果」ではない。①スタートアップ企業のアクセラレートや②事業創出といった成果・ゴールから軸足をぶらさず、最後まで成果にこだわることが大切である。
　アクセラレータプログラムは外部との協業を生み出すオープンイノベーションの実践プログラムである。「実践」するということは、小さくとも何かしらの成功を積むことが重要であり、直接的な収益に貢献できる可能

性のあるプロジェクトを生み出すことをめざしており、期待値の高い事業を生み出す努力を惜しまずやりつくす必要がある。

　もし、プログラム期間中に想定した成果が得られなかった場合でも、事業化の可能性が高いものについてはその後もプロジェクトが継続することになる。先に述べたとおりプログラムを運営することが目的ではなく、成果を出すことが目的なのであれば、当然のことである。冒頭ご説明した企画設計フェーズにおいて、しっかりと事業評価の基準を検討しておき、基準に照らし合わせてプロジェクトを継続するか切り上げるか判断していただきたい。早めに白黒をつけることも重要であり、短期間で可能性の低い事業を判断し、次に進めることも成果である。

3.5 「共創」の社会に向けて

　スタートアップ企業とチームを組み、事業のブラッシュアップや壁打ちのミーティングにお付き合いする際にベンチャーキャピタル（VC）のみなさんから学ぶことは多い。その中でも特に、学ばせていただきたい姿勢の1つが「共創」の姿勢だと思う。企業において、ある程度の知識と経験のある方々ほど、事業の評論や精査の姿勢を取ってしまうことが多い。新たな事業を興し、事業を加速させるというプロセスにおいては評論や精査にあまり価値はない。VCの方々を見ていると、VCとしての「価値」は、スタートアップ企業とともに事業を考え、その事業がどのようなものであれば成功するかの仮説を持って事業を共創することであり、「価値を提供しよう」という姿勢を強く感じることができる。

　アクセラレータプログラムを通して、事業を開発するプロセスを経験し、日本企業の方々の多くが「共創」の姿勢を身につければ、社会はもっとよくなるのではないか、と思う。

第4章

5カ条を実現させる際、企業がぶち当たる壁とその突破方法

4.1 アクセラレータプログラムにおける事前戦略策定の必要性

　アクセラレータプログラムは大手企業における新事業戦略の一要素と位置づけられるべきであり、最終的には全社戦略にも紐づくものであるべきである。また、アクセラレータプログラムを成功させるには、「企業アクセラレータの心得5カ条」(p.44)を達成する必要がある。以下では、事例の紹介および検証に基づき、アクセラレータプログラムの設計において考慮すべき要点を提案する。

4.1.1　事業化につながらないアクセラレータプログラム

　既存のアクセラレータプログラムについて分析を行った場合、プログラム自体は成功といえる成果を収めたとしても、その後の事業化に課題を抱えている事例が多くみられる。

　例えば、あるメーカー企業では、外部のアクセラレータとともに企業アクセラレータプログラムを立ち上げた。そのアクセラレータプログラムの最終日にプログラムに参加していたスタートアップ企業のうち、数社と協業を発表するなど、アクセラレータプログラムの直接的な結果としては成功を収めることができ、スタートアップ企業との協業プロジェクト進展が期待されるところであった。しかし、実際にはその多くが頓挫する結果となる。理由として、メーカー企業が持つ主軸事業との乖離や、メーカー企業の新規事業として設定されている売上に見合わない、などがあげられた。つまり、アクセラレータプログラムが、大手企業の長期ビジョンにも、新規事業開発にも関与していないのである。

　大前提として、多くの大手企業はアクセラレータプログラムに対して、既存のビジネスラインとは異なる新たな収益の柱を開発することを期待しており、これは新規事業開発と同じ位置づけといえる。したがって、既存の新規事業開発と同様に、大手企業の長期ビジョンや全社戦略に合致して

いなければならず、この点を軽視した事業案は、アイデアが潜在性を持つとしても事業として継続性を失う結果となる。先の事例においても、イベントとしてはアクセラレータプログラムとしてアウトプットを出したことで成果があるように見えるが、大手企業からの新規事業開発という位置づけでの期待を軽視したために、事業化が頓挫する結果に陥ったといえる。つまり、アクセラレータプログラムは全社戦略の枠組みにおける新規事業開発の一部、一手法である点を強く認識する必要があるであろう。

4.1.2 アクセラレータプログラムの事前戦略策定に関わる困難

　ここで、新規事業開発で重要な点は何であろうか。最も重要と考えられるのが戦略である。新規事業開発の戦略構築では、大手企業は「①いつまでに」「②何をゴールに」「③どのような事業を」「④誰と組んで」実施するべきか、という問いに対して、明確かつ適切な答えを用意することが最も重要である。しかし、アクセラレータプログラムを大手企業が活用することを想定した場合、上記の4点に以下の困難がつきまとい、明確かつ適切な戦略構築の妨げとなっている。

① 「いつまでに」：「スタートアップ企業からアイデアを貰える」、「スタートアップ企業が事業構築をしてくれる」、という楽観的な期待から、通常の新規事業検討よりも極端に短い開発期間を設定してしまい、不適切な戦略構築の要因となる。

② 「何をゴールに」：スタートアップ企業からのアイデアが事前に想定できないことを理由に、売上や利益など、定量的な目標を設定せず、不明瞭な戦略構築の要因となる。また、設定する際に、大手企業の新規事業戦略を考慮せずに設定してしまい、大手企業にとって不適切な戦略となってしまう。

③ 「どのような事業を」：期間限定という特質を持つアクセラレータプログラムに、性質的に合わない業種を幅広く採用してしまうことで、達成が実質不可能な戦略目標を構築してしまう。例えば、結果を出す

までにある程度の長期間を要する事業の場合、設定した期間内で結果が出せず、デモデイ付近において事業化継続の判断材料が揃わないことなどがある。

④ 「誰と組んで」：大手企業の期待に反して、潜在性のあるアイデアを持つ有望なスタートアップ企業からの応募がなく、戦略を構築できない場合がある。その背景としては、有望なスタートアップ企業は、すでにベンチャーキャピタルなどから提携先の大手企業を紹介されており、アクセラレータプログラムに対応する必要がない、という点が考えられる。

また、大手企業は通常の新規事業で必要とされる、行政、ユーザー、ベンダー（製品の供給業者）などのステークホルダーの明確化とネットワーク構築、リソースの準備について、スタートアップ企業側で完結することを期待する傾向にあるが、実際は大手企業側に頼らざるを得ない状況となり、戦略に変更や遅延が生ずる。

4.1.3 アクセラレータプログラムの事前戦略策定を放棄してしまう理由

では、なぜこれら4点について明確かつ適切な解が用意できないのであろうか。最も根深い問題として、大手企業側がアクセラレータプログラムの活用における事前戦略策定を放棄してしまう、いわゆる「思考停止」が考えられる。実際、事前に戦略策定を行わずにアクセラレータプログラムを実施した大手企業が、そのアクセラレータプログラムと企業自体の方向性の不一致に関して、弊社に相談に訪れた例も存在する。大手企業側が、思考停止に陥る理由としては、以下の2点があげられる。

① 大手企業側が、アクセラレータプログラムを、事前戦略の策定をせずとも企業内の新規事業開発の方向性と合致したアウトプットが得られる「万能ツール」と認識してしまうため。

② 運営委託されたアクセラレータが、アクセラレータプログラムの目

的を、本来は事業化とすべきところを、プログラムの完遂においているため。

特に前者については、注意が必要である。本来、大手企業内で行われる新規事業開発は成功確率が決して高くなく、一般的な成功確率が1000分の3であることをさし、「千三つ(せんみつ)」と呼称されることも多い。さらに、スタートアップ企業に至っては成功確率がさらに低くなる。実際に、スタートアップ企業の情報をデータベース化しているCB Insightsによると、スタートアップ企業が成功しユニコーン企業(評価額が10億ドル以上の未上場のスタートアップ企業。一角獣のようにまれで、巨額の利益をもたらす可能性のある企業)となる確率は、ユニコーン排出率が高いアメリカにおいても0.15%程度(2014年時点)と低い値となっており、スタートアップ文化が未熟な日本の場合、さらに低い値となることが想像できる。アクセラレータプログラムを支えるスタートアップ企業の成功確率が低い中では、得られる成功の数も少なくなり、その少ない母数の中で、事業開発の方向性と合致するものを見出すことは不可能に近い。この不可能に近い確率を少しでも向上させるためにも、アクセラレータプログラムにおける事前戦略策定は不可欠といえる。

4.1.4　全社戦略から読み解くアクセラレータ戦略設計

大手企業側がアクセラレータプログラムにおける事業戦略策定を考えるにあたり、ここで、「全社戦略から読み解くアクセラレータ戦略設計」と名づける解決手法を提案したい。この手法では、事前の事業戦略策定作業において、「新規事業案の整理・具体化フェーズ」を意図的に組み込むことにより、大手企業側自身がアクセラレータプログラムで行う事業案の下地を準備することを促している。そのうえで、「抽象化した事業仮説設定フェーズ」において、アクセラレータプログラムにおいてスタートアップ企業の革新的なアイデアを許容するだけの余地を、事業案の下地を抽象化することにより確保する。具体的には、図表4.1で示す6つのステップで

4.1 アクセラレータプログラムにおける事前戦略策定の必要性

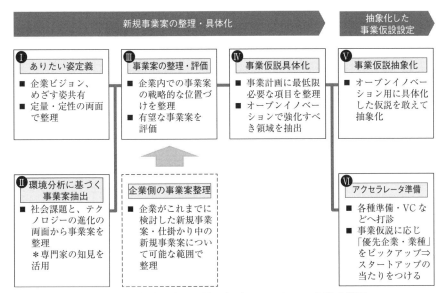

図表4.1 全社戦略から読み解くアクセラレータ戦略設計

構成される。

【新規事業案の整理・具体化フェーズ】
ステップI「ありたい姿定義」
● 新規事業に求める理想の姿と企業文化をそれぞれ整理し、両者を考慮することで現実的な「ありたい姿」を定義
→この「ありたい姿」が新規事業案の方向性を整理する際の前提条件となり、アクセラレータプログラムにおける大きな指針ともなる。

ステップII「環境分析に基づく事業案抽出」
● 図表4.2のように社会動向・生活者動向のレポートと先端技術動向のレポートから、中長期的に発生し得る環境変化を網羅的に把握
● 環境変化を加味したうえで想定される市場環境から、「成功しそうな」事業案を抽出

ステップIII「事業案の整理・評価」

第4章 5カ条を実現させる際、企業がぶち当たる壁とその突破方法

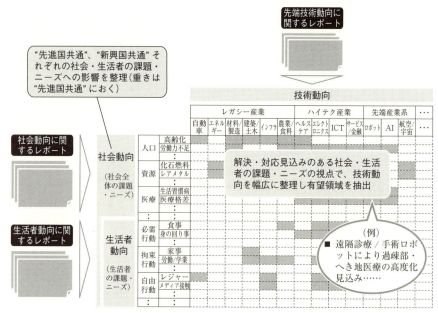

図表4.2 環境分析に基づく事業案抽出〜環境分析〜

- ステップⅠ、Ⅱを合わせ、企業の方向性に合致し、かつ市場環境から「成功しそうな」事業案を抽出
- 上記で抽出した事業案に、過去に企業内で検討した事業案も加えて、軸を設定して整理（図表4.3を参照。以下に例を示す）
  - → 収益性 vs 既存の事業やグループに対する機能強化
  - → 事業の魅力度 vs 実現可能性
- 上記の整理結果から、検討優先度の高い案件を抽出

ステップⅣ「事業仮説具体化」
- 図表4.4のように想定顧客層や、ニーズ、事業上の課題など、事業計画に最低限必要な項目を整理し、アクセラレータプログラムで強化すべき領域抽出

4.1 アクセラレータプログラムにおける事前戦略策定の必要性

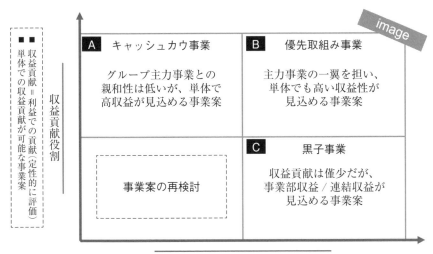

図表 4.3　新規事業案の戦略的評価（例）

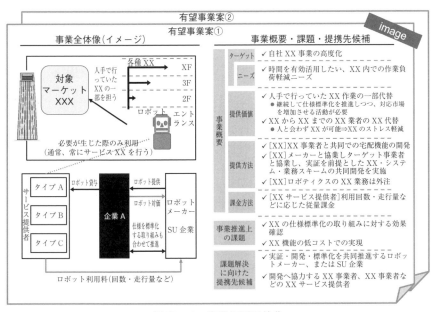

図表 4.4　事業仮説具体化

第4章 5カ条を実現させる際、企業がぶち当たる壁とその突破方法

【抽象化した事業仮説設定】
ステップⅤ「事業仮説抽象化」
- ステップⅣで描いた事業案を抽象化することにより、スタートアップ企業に期待する革新的なアイデアを呼び込めるだけのスペースを確保(図表4.5)
  →企業として譲れない条件(機能や技術、ありたい姿や成し遂げたい事といった定性的ものも含む)は削ぎ落とさず明確化

ステップⅥ「アクセラレータ準備」
- ステップⅤで抽象化した事業仮説に応じて、「優先企業・業種」を抽出
- 抽出した「優先企業・業種」をもとに、ベンチャーキャピタル(VC)などへ有望なスタートアップ企業の紹介を打診し、最低限の候補者を確保

以上で提案した「全社戦略から読み解くアクセラレータ戦略設計」は、大手企業側のニーズや視野範囲内を加味し、ボトムアップで構築していく手法であるが、この手法では、想像し得ない破壊的イノベーション領域

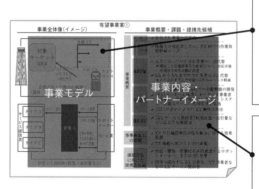

図表4.5　事業仮説抽象化

に、大手企業側が踏み込むことが難しい。破壊的イノベーションとは、クレイトン・クリステンセンが提唱したイノベーションモデルの1つで、既存事業の秩序を破壊し、業界構造を劇的に変化させるイノベーションを意味する。この破壊的イノベーション領域をカバーすることを目的として、「全社戦略から読み解くアクセラレータ戦略設計」を行わない、従来型のアプローチもアクセラレータプログラムの中で並行して実施することが有効であろう。

4.1.5　事前戦略策定の質＝アクセラレータプログラムの質

　以上で述べたように、アクセラレータプログラムとは大手企業側の新規事業開発の一部として位置づけられることから、通常の新規事業開発と同様に事業戦略策定をアクセラレータプログラム自体に対して実施することは必須であり、その質自体も結果に大きな影響を及ぼす。したがって、企業としては事業戦略の質を担保するだけのヒト・モノ・カネを投ずることが望ましい。

4.2　全社ゴト化することで「熱量の高い社内体制を構築する」

4.2.1　自前主義からの脱却

　製造業を中心に日本企業は、自前主義を掲げる企業が少なくなく、自社の技術や人材だけで新しい製品やサービスを作る姿勢を良しとする価値観は未だに残っているといえる。特に、これまで自前でやれてきたという自負心が強い企業はなおさら、自前主義を自社のブランドや強みとして捉えようとする傾向が強いと考えられる。

　こうした自前主義の価値観が強い企業では、アクセラレータプログラムによって、外部リソースを活用した新規事業を検討すること自体に抵抗を覚える方がいることは、ある程度は仕方ない。しかし、新しいテクノロジ

第4章　5カ条を実現させる際、企業がぶち当たる壁とその突破方法

ーの台頭やビジネスモデルの転換スピードは早まっており、これまでどおりの自前主義で、今後も市場における自社の優位性を保っていくことができるのか、真剣に考えなければいけないタイミングに来ていると危機感を持つことが必要なのではないだろうか。

　自前主義からの脱出するためには、外部のアイデア、リソースを活用する意味・意義を考え、それを自社に浸透させることが必要である。また、一概に自前主義といっても、そのタイプは背景などから分類でき、それぞれのタイプに応じた外部活用の目的を設定することが求められる(図表4.6)。

　最も強い自前主義の企業タイプは、自前主義こそが自社の強みと捉えており、会社の総意として自前主義を押し出している企業といえる。経営陣が、外部リソースが社内に入ることを受け入れがたく、何とか自前でできないかを常に検討している、といったタイプである。

　強い自前主義を持つ企業は、突破口を見つけることから始める必要がある。こうした企業にある特徴として、新卒からのたたき上げのプロパー社

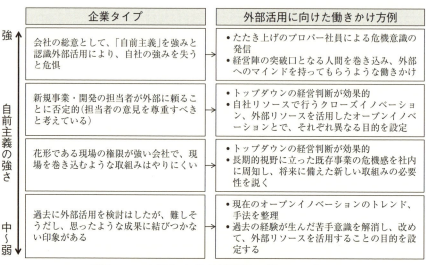

図表4.6　企業タイプ別外部活用の働きかけ方例

員を大事にする社風が多いのではないだろうか。そうであれば、こうした社員から問題意識を経営陣に訴えかけるような動きが機能する可能性は高い。問題意識を持っている社員がいることが前提にはなるが、そうした社員が有志ベースで問題意識を共有するような働きかけが必要となる。こうした動きに関心を持つ経営陣が出てきたら、そうした人も議論の場に参加してもらい、また、関連する外部のイベントに連れ出したりすることで、マインドを少しずつ変えていくことが重要である。

　次に、開発担当者が外部に頼ることに否定的である企業タイプが考えられる。この場合、トップに、必要であれば外部リソースを活用することも考えなければいけないという思いがあっても、自社の新規事業や開発に精通している担当者を尊重するあまり、経営判断が進まない状況とも捉えることができる。担当者は、「自社にもまだ活用できていない技術やアイデアがあるので、まずはそこから考えたい」とか、「自社とシナジー（相乗効果）のある外部企業、スタートアップ企業はそう見つからないし、マッチングを調整することも大変」といった思いを抱えている。担当者が自社にもイノベーションを起こして新しい付加価値を作っていこうとする意識がある場合もあるが、イノベーションを自社リソースと外部リソースとでどのように整理をして進めていくべきかを設計しきれていないという事態も想定される。

　自社リソースで進めるべきクローズイノベーションと、外部リソースを活用したオープンイノベーションは、それぞれ別の目的を設定して取り組む必要がある。外部活用の目的は、当然自社にはないアイデアや技術によって、既存事業とは飛び地となるような領域への足掛かりを検討することにある。必要に応じ、トップの判断で、自社リソースの活用を担う開発担当者とは別に、外部リソースの活用を担う新規事業担当者を置くような体制構築を行うことが求められる。

　自社の花形ポジションである現場の声が大きく、既存事業とは離れたような領域に対して新しい取組みをやりにくい、といった企業タイプもあ

る。これは、例えばアクセラレータプログラムのような現場を巻き込むような取組みを実施する際に、現場からは大きな反対の声が上がるようなタイプといえる。こうしたタイプは、実は非常に難易度が高いケースが多い。人材配置としても、能力のある人材ほど現場を担当しており、自分達が会社を支えているという自負がある。その上、管理部門も現場を尊重する社風となっていることが多い。この場合も、トップによる取組みへの周知が重要であるが、その際に、いま起こっている産業変化、その中で既存事業の将来への危機感について、現場に対してしっかり伝えることが必要である。概して、現状の業績の調子がよく、いまのやり方が市場にフィットしている企業ほど、現場が強い会社となりやすい。しかし、将来に来る市場環境の変化に備えた取組みとして、外部リソースの活用による新しい領域への挑戦であることを、現場に理解してもらうことが重要である。

　最後の企業タイプとして、過去に外部活用がうまくいかず、外部活用にネガティブな印象を持っているタイプがある。こうしたタイプは、いまのオープンイノベーションのトレンドや、具体的な手法を伝えることに加え、過去の取組みでうまくいかなった理由を洗い出して、どのように取り組めばうまくいくのかを潰していくことが有効である。外部に対して閉鎖的であるわけではないはずなので、苦手意識を克服し、外部リソースを活用する目的を改めて設定していくことが必要である。

　どのタイプについても、外部リソースを活用するための土台を構築していくことから始まるものと考えられる。そのため、オープンイノベーション推進の手法として、いきなりアクセラレータプログラムのような、それなりに負荷の大きい取組みに着手するのではなく、例えば、外部のスタートアップ企業を招いた勉強会を実施することや、自社リソースを一部提供する形でのアイデアソン、ハッカソンといった手法を実施することで、外部のアイデアの斬新さや、新しいテクノロジーの可能性を、徐々に社内に浸透させていくことが肝要である。

4.2.2　上層部(トップ)のコミットメントを獲得する

　前節では、自前主義を持つ企業について、タイプ別に外部リソースに関心を持ち、活用に向けて意識を変えていくために、どのようなアプローチが可能かを検討した。その中でもトップの関与による取組みの推進は、重要な要素である。

　自前主義の企業でなくても、社内で新しい取組みをする際には、取組みに否定的な立場の人間が多かれ少なかれ出てくることが想定される。新しいやり方による成果に懐疑的な人間はまだましなほうで、これまでのやり方を作ってきた人間や、新しい取組みによって業務が増えてしまう人間は、感情的な部分で否定的な立場をとることが考えられる。しかし、アクセラレータプログラムは、こうした否定的な立場の人間も巻き込み、全社的な施策として取り組むことにより、社内外の両方へのインパクトにつながる取組みとして理解する必要がある。

　企業において、否定的な立場の人間も巻き込んだ全社的な取組みとする方法は1つしかない。会社のトップ(社長)、もしくは新規事業に関連する権限を持った上層部が、アクセラレータプログラム推進にコミットを示すことで、取組みを社内のメインストリームとしていくことである。

　上層部(トップ)のコミットメントを獲得するというのは、文字にするのは簡単だが、具体的にどのような動き方をすべきか、そして、上層部(トップ)にどのような関わり方をしてもらうべきかという点を説明したい。

　上層部へのアプローチし、取組みに対するコミットメントを獲得するためには、上層部が関心を持ち、賛同しやすい提案を検討する必要がある。そのためには、大きく4つの要素が必要である(図表4.7)。1つは産業構造や事業環境の変化、競合企業の動向といった「大義名分」である。

　それに加えて2つ目として、そうした環境変化から生じる危機感を整理した「なぜ当社が取り組む必要があるのか」といった要素である。そして、3つ目はオープンイノベーションの取組みの目的につながる期待できる成果である。可能であれば、こうした取組みに関心の高い社員をリスト

第4章　5カ条を実現させる際、企業がぶち当たる壁とその突破方法

図表4.7　上層部へアプローチする際に検討すべき事項

アップしたものがあると、取組み開始の具体化が見えやすい。特にスタートアップ企業との協業や提携を想定したオープンイノベーションの取組みを推進する場合、参画する社員の性質は4つ目の重要な要素である。一定規模以上の企業間の関係性と、スタートアップ企業との関係性は異なる部分が多く、後者はより個人対個人の関係性が求められるため、オープンマインドが求められる傾向がある。他にも、大手企業とスタートアップ企業では、経営判断や事業推進のスピード感が異なることが多い。こうしたビジネス文化の違いに柔軟にキャッチアップできる人材が適している。

　こうした要素を準備したうえで、上層部がオープンイノベーションの取組みに関心を持ち始めたら、次に、上層部の関わり方を提示することで、上層部の取組みへのコミットメントを高めることが重要である（図表4.8）。上層部のコミットメントの考え方は、コミットメントの強さに応じて、メリットとデメリットがあるといえるが、目的は、あくまでもオープンイノベーションの取組みを経営レベルの取組みであることを事実化することであるので、可能な限り強いコミットメントを持ってもらえることが重要といえる。

4.2 全社ゴト化することで「熱量の高い社内体制を構築する」

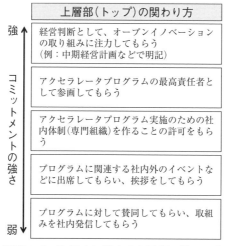

図表4.8　取組みに対する上層部の関わり方

　具体的には、最も強いコミットメントとしては、オープンイノベーション推進の責任者(担当役員など)に就いてもらうことが考えられる。続いて、専門組織の組成や、担当者を置くことといった社内体制を公式に認めてもらうことがある。リアル組織化は、基本的に固定費が発生するため、プロジェクト型のバーチャルな組織しか認められないこともある。その際も、主催するイベントでの挨拶をしてもらうといった関わり方をしてもらうことは必要である。形式的ではあるが、こうしたコミットが、徐々に社内での受け入れられ方に影響し、ゆくゆくは全社的な取組みとして浸透していくきっかけになっていく。

　本節では、オープンイノベーションの取組みを始めていくにあたっての、社内的な進め方を中心に説明してきた。次節以降は、具体的な手法としてアクセラレータプログラムを取り組むうえでの必要な知識について、説明していく。

4.2.3　企業メンターの活躍がプログラム成功の要因

　アクセラレータプログラムでは、参加スタートアップ企業の支援者には

第4章　5カ条を実現させる際、企業がぶち当たる壁とその突破方法

```
┌─────────────────────────┐         ┌─────────────────────────┐
│      企業メンター         │         │      外部メンター         │
│ ・参加スタートアップ企業   │         │ ・ベンチャーキャピタルな   │
│  の事業展開に必要かつ提   │         │  どのスタートアップ支援   │
│  供できる自社リソースの   │         │  のプロフェッショナル     │
│  調整                    │         │ ・事業化を社外の視点で指   │
│ ・今後、自社との協業を本   │         │  導し、事業プランの磨き   │
│  格化するうえで必要な条   │         │  上げ、顧客検証の機会づ   │
│  件のアドバイス          │         │  くり、マーケティングや   │
│                         │         │  提案機会づくりの支援     │
└─────────────────────────┘         └─────────────────────────┘
              ↘                           ↙
               ┌───────────────┐
               │   参加         │
               │  スタート     │
               │  アップ企業    │
               └───────────────┘
              ↗                           ↖
┌─────────────────────────┐         ┌─────────────────────────┐
│    ファシリテーター       │         │      アドバイザー         │
│ ・プログラムにおける各種   │         │ ・特定の専門知識を保有す   │
│  情報共有や利用すべき機   │         │  るスペシャリスト         │
│  能の活用推進            │         │ ・関連法律・制度、テクノ   │
│ ・メンタリング調整、メン   │         │  ロジー、業界知見など、   │
│  タリング後フォローによ   │         │  参加スタートアップ企業   │
│  り理解を深め、プログラ   │         │  が必要なインプットを提   │
│  ム内の次のアクションの   │         │  供                      │
│  具体化を支援            │         │                          │
└─────────────────────────┘         └─────────────────────────┘
```

図表4.9　アクセラレータプログラムの支援者

役割の違いから4者に分けることができる（図表4.9）。企業メンターは、主催する大手企業が担う協業・提携に向けた具体的なアドバイスを行う支援者である。ファシリテーターは、事務局側支援者であり、プログラムの機能を最大限に活用するアドバイスや、各メンターが示した内容について進捗管理を担う。外部メンターは、スタートアップ支援のプロフェッショナルであるベンチャーキャピタリストなどが担い、主に投資の目線で不足している点や課題についてアドバイスを行う支援者である。また、アドバイザーは、スタートアップ企業に求められる経営知識や各種専門知識について、インプットセミナーの場で適宜コマを担当する支援者である。

上記で示したアクセラレータプログラム内の支援者の中でも、企業メンターによる協業・提携を想定したアドバイスは、参加スタートアップ企業にとって、最も重要な要素である。企業メンターのアドバイスにより、主催企業との協業・提携を視野に入れた事業展開の具体的な検討を進めることができるからである。

主催企業が本気で協業・提携できる企業をアクセラレータプログラムから選出したいと考えるならば、企業メンターの支援により、Win-Winの関係を構築できる。同時に、企業メンターには、本気で臨むスタートアップ企業に対して、的確なアドバイスができ、一緒に同じゴールに向かって

4.2 全社ゴト化することで「熱量の高い社内体制を構築する」

企業メンターの役割	求められること
・参加スタートアップ企業の事業展開上、引き合わせるべき社内キーマンの調整	✓ 社内ネットワークの広さ、また社内コミュニケーション力の高さ(社内ハブ機能)
・参加スタートアップ企業の開発費など、事業推進上必要な資金調達面の検討	✓ 参加スタートアップ企業の事業理解度の高さ ✓ 社内マネーの調整力
・自社保有ネットワーク(顧客も含む)活用により、テストマーケティング、アーリーアダプターなどのマッチング支援	✓ 社内ネットワーク、特に現場とのパイプの太さ ✓ 顧客コミュニケーションの高さ 　(社内コミュニケーションへの代替可能)
・将来的な自社との協業のために足りていない点や期待事項のアドバイス	✓ 参加スタートアップ企業・自社の事業理解度の高さ ✓ 参加スタートアップ企業をモチベートできるコーチング力の高さ

図表4.10　企業メンターに求められる役割と適性

走っていけるメンタリティを持つことが望まれる。

　ここでは、企業メンターに必要な役割と適性(図表4.10)を説明したい。企業メンターに求められる重要な機能に、自社内のハブ機能がある。スタートアップ企業との協業・提携にあたって、自社がどのような機能をどの水準で求めているのかを明確にする必要がある。企業メンターだけで判断できない事項が生じる場合は、社内キーマンに連携することで、より具体的な回答を引き出していくことが求められる。企業メンターは、適宜、自社が保有するネットワークを用いたテストマーケティング支援も行う。さらに、自社内で実装することでサービスの効果・効用を確認する、いわゆるPoC(Proof of Concept：概念実証)を行う場面も想定される。

　また、開発費や事業支援金などの資金の工面も調整していくことも、企業メンターには求められる。こうした役割を担ううえで、社内ネットワークが広く、顔が利く人材であることは重要である。横のつながりに加え、社内マネーを集められるような縦のつながりも強い人材であれば、なお心強い企業メンターである。

　前述したとおり、自社との協業・提携に向けた具体的な検討ステージに上がるかどうかは、企業メンターの動き方に大きく掛っている。そのた

め、企業メンターには、自分が担当するスタートアップ企業に対する事業理解度はもちろん、具体化に向けたオーナーシップを高く持つことが求められる。

　企業メンターの役割や求められる人材像は、おそらく会社のエース級人材であることが想像される。エース級人材は、業務上も引っ張りだこなので、すぐに売上になるわけではないアクセラレータプログラムの企業メンターを担当させることのハードルは高いと考えられる。しかし、こうしたオープンイノベーションへの取組みを、社内にブランディングしていくうえでは、「イケている」人材が選ばれて参加するものという認知は非常に有効である。

　アクセラレータプログラムのような取組みは、継続することで、社会的に認知が進み、効果が高まっていく性質がある。社内的に、「イケている人材が選出されて進めている取組み」という認知が進むことは、2回目以降の企業メンター選出のうえでも、非常にプラスに働くと考えられる。

4.2.4　企業メンターは参加スタートアップ企業の審査フェーズからの参加が重要

　これまで述べてきたとおり、アクセラレータプログラムを運用していくうえで、適性の高い企業メンターの参加が重要である。さらに、企業メンターのプログラムの参加タイミングは、メンタリングが始まる時点からではなく、参加スタートアップ企業を選出するタイミングから同席していることが望ましい。企業メンターが審査フェーズから参画すべき理由として3点をあげることができる。

　1点目は、企業メンター自身も審査に関わることで、自分が選んだスタートアップ企業を支援するという事業へのオーナーシップが高まる点がある。参加スタートアップ企業は事務局が中心に決めて、その後の支援だけを企業メンターが受けるような構図であると、なかなか自分が担当するという一体感は生まれにくいものである。

2点目は、企業メンターは将来のイノベーション人材としても期待される。そのため、企業メンターがより多くのスタートアップ企業の事業アイデアやプレゼンテーションを見聞きすることで、知識や考え方の幅が広げることが主催企業にとってもよい効果をもたらすという点である。審査の段階では、自社とシナジーがある先もそうでない先も玉石混合の状態であるため、企業メンターが自社にとって有望な先を見きわめていく力をつけていくような機会にもなる。

 3点目については、やや事務局目線になるが、こうした取組みを全社的なものに浸透させていくうえで、企業メンターとなる社員を早期に深く巻き込み、プログラムのやりがいや成果を社内への発信する人材として取り込んでいくことが重要なためである。

4.3　参加者メリットをプログラムに組み込むために、事業化支援の拡充が重要

4.3.1　事業化支援の拡充が求められる背景（最も重要な事業化支援フェーズ）

 現在、多くのアクセラレータプログラムにおいては、スタートアップ企業にとっての参加メリットとして、「大手企業が保有するアセット提供」が提示されている。アセットとは、開発や保有に多額の資金や時間を要する大手企業ならではのもので、スタートアップ企業にとっては開発・保有が難しいものであることが多い。具体的には、技術、設備・施設、実証実験に必要な場、顧客基盤・営業チャネル、人的リソース、金銭的リソース（出資を含む）などの形をとる。アクセラレータプログラムでは、こういった大手企業特有のリソースと、スタートアップ企業特有のテクノロジーやアイデアを掛け算することで、新たな事業を創出していくのである。

 「大手企業特有のリソースとスタートアップ企業特有のテクノロジーやアイデアの掛け算」というコンセプトは一見魅力的であるし、実際に両者

第4章　5カ条を実現させる際、企業がぶち当たる壁とその突破方法

のマッチングのスタートラインまでは比較的順調に進むことが多い。しかし、大手企業とスタートアップ企業のマッチングには至ったものの、その後のプロセスで頓挫してしまい、実際の事業立ち上げには至らないケースが大多数を占めている。そしてこの「失敗」に対しては、大手企業とスタートアップ企業の双方から不満が語られることが多い。

これらの背景には、マッチングの成立よりも、その後の事業化フェーズのほうがはるかに大きな困難を伴うにも関わらず、その事実が置き去りにされてしまっていることがある。

その結果、アクセラレータプログラムの中に、事業化支援の仕組みが用意されないもしくは不十分なものになってしまい、マッチングは成立したものの事業化に到達しないケースが多数を占めることにつながる。

マッチングの成立は、いわば「お見合いの席で両者が好印象を持った」という状態に過ぎない。その後の「お付き合い」において幾度の危機を乗り越えて、無事に「結婚」つまり事業化を迎えるのである。そのため、アクセラレータプログラムにおいて「新事業の創出」というそもそもの目的を実現するためには、マッチング支援よりも事業化支援を重視することがきわめて重要である。

しかし一方で、この事業化支援は、マッチング支援に比べると大幅に手間ヒマを要する取組みである。したがって、アクセラレータプログラム実施についてコンサルティング会社などからの支援を受ける場合は、この事業化支援についてどの程度手厚い支援を受けられるかどうかが、重要な選定基準となる。またもちろん、この事業化支援はコンサルティング会社に丸投げできる性質のものではないため、支援を受けつつも主催者たる大手企業自身が手間ヒマをかける覚悟を必要とする。そしてこの手間ヒマをかけた事業化支援が、スタートアップ企業にとって最大の参加メリットとなるのである。

4.3.2 事業化支援の考え方

　事業化支援は、大手企業がよく採用するウォーターフォール型の伝統的な手法と、近年のスタートアップ企業が採用するリーンスタートアップ型の手法に大別される。アクセラレータプログラムにおいては、スタートアップ企業のスピード感に合わせるため、後者の考え方を採用するのが原則である。

　リーンスタートアップ型の事業化支援は、リーンキャンバスに基づいてビジネスモデルの骨格を描くことから始まる。リーンキャンバスとは、アレックス・オスターワルダーが『ビジネスモデル・ジェネレーション』（翔泳社）で提示したビジネスモデルキャンバスに、アッシュ・マウリャが加筆修正したものである。スタートアップ企業によるビジネスモデルを紙一枚に収めて表現できるため、一般的な事業計画書の作成と比べると所要時間が圧倒的に少ないうえに、全体を俯瞰することができる非常に便利なツールである。

　中には最初から分厚い事業計画書の作成に取り掛かろうとする大手企業やスタートアップ企業も散見されるが、それは避けるべきである。なぜならこの後に述べる「課題検証」に取り組んだ途端、当初のビジネスモデルは抜本的な修正を迫られることが大半であるため、この段階で詳細な事業計画書を作成することはほとんど意味を持たない。それよりも、何度も書き直すことを前提に、リーンキャンバスを短時間で毎回書き上げるほうが、事業化に向けた時間は大きく短縮できる。

　リーンキャンバスにビジネスモデルを書き出したのち最初に取り組むのは、「課題検証」である。まずは、想定顧客が本当にその課題を抱えているのかどうかを検証するのである。より正確には、その課題が「お金を払ってでも解決したい」と強く感じられているかどうかを検証するのである。その検証方法は、潜在顧客に聞くことである。オフィスでいくら机上調査を続けても答えが見つかることではない。オフィスを出て、最低10〜100人にインタビューすることでのみ、仮説として設定した課題の有無

を検証することができるのである。インタビューの結果、多くの場合は課題の修正を迫られることとなるが、これは必要かつ非常に重要なプロセスであるので、前向きに取り組むことがポイントである。

インタビューを繰り返した結果、顧客が抱える「お金を払ってでも解決したい課題」が明確化できたら、次のステップである「ソリューション検証」に移る。なお、このステップでは多数の潜在顧客にインタビューすることが求められるが、スタートアップ企業が多くのネットワークを持っているとは限らない。したがって、大手企業メンターとファシリテーターがそれぞれのネットワークをフル活用して、インタビュー先を積極的に紹介することが必須である。

ソリューション検証では、ビジュアル化した最小限のソリューションイメージを伴って、再度潜在顧客にインタビューを行う。つまり、前のステップで明確化した「お金を払ってでも解決したい課題」は、このソリューションによって解決できるかどうかを検証するのである。最小限のソリューションイメージとは、サービスによりけりだが、画面遷移イメージやモックアップ、MVP（minimum viable product）などの種類がある。仮にこのプロセスが受け入れられなかった場合は、ソリューションを修正することとなる。これがいわゆるピボット（路線変更）である。

4.3.3 参加スタートアップ企業の検討状況を可視化する

アクセラレータプログラムの期間は数カ月であり、この短期間で成果を出していくうえでは、参加スタートアップ企業の進捗管理が非常に重要になってくる。進捗管理は、定期的に参加スタートアップ企業からプログラムにおける進捗を含めた現時点の事業内容のプレゼンテーションしてもらう形が効果的であり、全参加スタートアップ企業のピッチデイという形で実施することにより、全体進捗管理を行うことが重要である。

また、定期的な全体でのプレゼンテーションの場は、他のチームの進捗を知ることになり、参加スタートアップ企業の間でのよい意味での刺激と

4.3 参加者メリットをプログラムに組み込むために、事業化支援の拡充が重要

なり、またともに同じプログラムで新しい事業を作り上げる仲間としての一体感を醸成するという副次的な効果もある。

進捗管理という意味では、単純にプレゼンテーションを行うだけでは、発散的になりかねないため、前回からどのくらい進捗しているのかを可視化する仕組みを作ることが肝要である。1つの方法として、ピッチデイでメンターから出たコメントについて、次回までの宿題、重要な活動予定を

実施日・イベント名	20××年××月××日　　「第●回 ピッチデイ」					
社名 チーム名	担当 メンター	発言者	質問・コメント	回答	次回までの実施 事項
チームA	【社内】 ●● 【外部】 △△	Yメンター	・ファーストユーザーの声はどのような内容だったのか ・×××	・まだ、ユーザーにはアプローチできてない ・×××	・早期にファーストユーザーへのアプローチをして声を拾う ・×××
		Zメンター	・事業モデルがまだ曖昧な部分がある。顧客が抱える本当の課題にアプローチできているのか ・×××	・類似ビジネスとして、××がある。ここのマネタイズモデルは研究したほうがよいと考えている ・×××	・事業モデルの解像度を上げる。具体的なマネタイズモデルの検討 ・×××
		事務局	・当社のクライアントで、テストマーケティングできそうな先があるが、関心あるか ・×××	・ぜひ紹介してほしい ・×××	【事務局】 ・テストマーケティングの対応のために個別打ち合わせ実施 ・×××
チームB	【社内】 ○○	Zメンター	・×××	・×××	・×××

図表4.11　進捗管理シートの例

記録し、次回のピッチデイではその記録を参照しながら、どう進捗したのかを共有といったやり方がある。記録を整理した進捗管理シートとして残していき、参加スタートアップ企業はもちろん、企業メンター、外部メンターも確認できるような仕組みとしていくことが効果的といえる(図表4.11)。

進捗管理シートのような可視化できる仕組みは、参加スタートアップ企業にとっては次回までの宿題をしっかり検討してくることをコミットするものである。スタートアップ企業が事業を推進するうえで、「やったほうがよい」ことは数えればきりがない。短期間で成果を出すうえで、「やらなければいけない」ことを優先的に潰していくことが重要であり、その優先づけをピッチデイでのメンターからアドバイスしてもらう、という進め方を採ることが重要である。

4.3.4 メンタリングを核に、関係者の役割を明確にした複層的なプログラムを実現する

アクセラレータプログラムにおける重要な機能の1つは、メンター(外部メンター、企業メンター)と呼ばれる事業構築のプロフェッショナルによるアドバイス(メンタリング)である。前節でも触れたとおり、効果的な事業ブラッシュアップを実現するうえで、参加するスタートアップ企業は、現在の正確な事業進捗のステータスを共有することが重要になる。そのために、定期的なピッチセッションを設け、メンターとの討議の中で、次回以降までの具体的な課題を設定する。

メンタリングを実施するうえで、ゴールであるデモデイに向けてどのようなステップで検討を進めていくかの設計を行う必要がある。検討ステップは、参加スタートアップ企業の事業ステージによって差があるため、一概にステップを決めることはできない。しかし、プログラムの企画設計の段階で、対象とする企業像を固める必要があることからも、基本的な検討ステップは設定しておくことが望ましい。プログラムが進む中で、参加ス

4.3 参加者メリットをプログラムに組み込むために、事業化支援の拡充が重要

検討ステップ				
①アイデア確認	②アイデア検証	③MVP 開発	④商用化準備・マーケティング	⑤プレゼン指導
・アイデアの具体的かつ将来的な構想の共有 ・プログラム内で実施するメンタリングの方向性を設定	・解決すべき課題、顧客ニーズを確認 ・想定顧客へのインタビュー、顧客の招待などを実施 ・ビジネスコンセプトの設計し、プロトタイプの検討	・機能やUXを検討し、MVP（minimum viable product：実用最小限の製品）の開発 ・MVPをベースに、想定顧客の声を捕捉し、改善点などを明確化	・商用化（汎用モデル化）に向けたプロダクト定義 ・事業拡大に必要な要素の洗い出し ・事業スケールに必要な事業プランの策定支援	・デモデイに向けたプレゼンテーションの指導 ・ビジネスアイデアの強みを効果的に伝えることに注力

図表 4.12　プログラム内の検討ステップ（シードステージを想定）

タートアップ企業の進捗が遅れているのか進んでいるかの判断材料としても参考になる。

　仮にシードステージのスタートアップ企業を対象としたプログラムの検討ステップとして、5つのステップを想定できる（図表4.12）。

　はじめに、「①アイデア確認」として、プログラムの審査において提案したアイデアの詳細について確認し、足りていない要素の洗い出しを行う。

　次の「②アイデア検証」では、想定市場の大きさや顧客ニーズの深刻さといった切り口から、ビジネスとして成立するアイデアなのかを検証する。

　その後、「MVP（minimum viable product）開発」において、最小限の機能を持った製品・サービス開発に着手していく。

　①②のステップで、ビジネスとしてのポテンシャルは担保されているため、③のステップでは、具体的な機能やUX（user experience：ユーザーが製品・サービスを通じて得られる体験）の検証を進めていく。続いて「④商用化準備・マーケティング」において、開発した製品・サービスをより汎用化して、事業拡大を実現できるものへとブラッシュアップしていく。④のステップでは、具体的に企業との協業・提携も踏まえた検討が進んでいることが望まれる。最後の「⑤プレゼン指導」は、デモデイに向け

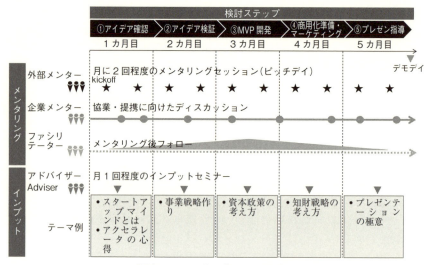

図表4.13　プログラムの設計例

て、外部からの参加者である投資家や企業の新規事業担当者に対して、製品・サービスを効果的に伝えるための指導となる。

　メンタリングは、外部メンターによる投資家の視点からの事業ブラッシュアップと、企業メンターによる自社との協業・提携の視点からのメンタリングの両輪で進んでいく。企業メンターの役割は、4.2節、4.3節でも触れたが、適宜、自社リソースを提供することで、製品・サービスの具体的な効果・効用を検証するような機能も期待される（図表4.13）。

　検討ステップでは、①や②のアイデア確認・検証のステップから、自社が協業・提携するうえで必要な要素は何か、足りていない考えは何かをしっかりと意思疎通し、スタートアップ企業が実現したい世界観と、企業側の期待の摺合せを図っていく必要がある。そのうえで、③④のステップで、自社が保有するさまざまなリソースを提供しながら、具体的な製品・サービス開発を支援する形が望ましい。

　ファシリテーターは、外部メンターと企業メンターの伝えたいことを捉え、必要に応じて、参加スタートアップ企業の壁打ち相手になったり、個

4.3 参加者メリットをプログラムに組み込むために、事業化支援の拡充が重要

別メンタリングの調整をしたり、外部のキーパーソンにつないだりといった、プログラム内の潤滑剤的機能を担う。

4.3.5 スタートアップ企業経営に必要な知見を効果的にインプットする

アクセラレータプログラムでは、個別のメンタリングに加えて、参加スタートアップ企業全般が関心を持っているような経営知識や専門性の高い知見をインプットする場を設けることが重要である。

こうしたインプットセミナーの目的は3つである。

1つは、企業を経営するうえで知っておくべき知識について、一定水準まで網羅的に理解してもらうこと。これは、特に走り出し始めたばかりのスタートアップ企業の経営者は、断片的な経営知識であることも多く、必要最低限の体系的な知識を補充することともいえる。

2つ目は、日頃から課題意識を持っているテーマの知見を深めること。アクセラレータプログラムでは、短期間の内に事業を具体化することが求められるため、外部メンターや企業メンターとの具体的なテーマを持ったプロジェクト型で進行していくことが多い。そのため、会社経営上の管理面の課題や、経営者としての悩みといった点に振り返る時間を設ける必要があるためにインプットセミナーを行うという面も持っている。こうした目的を持つことから、単なる座学ではなく、よりインタラクティブに参加スタートアップ企業が抱える課題を参加者間で共有し、経験豊かなスピーカーが具体的な解決方法をアドバイスするような場を設計することが重要といえる。

3つ目は、参加スタートアップ企業が「この人の話を聞きたい」というような業界や特定分野のレジェンドを招聘することにより、専門知見の取得のみならず、モチベーションを高めるようなことも、インプットセミナーの場で検討することが重要である。

上記のような目的を達成するうえでも、インプットセミナーの設計は、

図表4.14 インプットセミナーのテーマ例

テーマ	内容	スピーカー例
スタートアップ企業の資本政策	・スタートアップ企業の類型別のあるべき資本政策の考え方 ・資本政策の失敗事例	・ベンチャーキャピタリスト ・先輩スタートアップ企業CEO、CFO
スタートアップ企業に必要な法務知識	・知財(商標・特許など)を戦略的に経営に生かしていく方法 ・事業領域別の法務知識(金融・医療など)	・弁護士・法務専門家
スタートアップ企業の事業計画策定	・資金調達につながる事業計画の考え方	・ベンチャーキャピタリスト
スタートアップ企業の組織づくり・採用	・スタートアップ企業のステージ別の最適な事業体制の考え方 ・採用をする際に確認すべき点	・ベンチャーキャピタリスト ・先輩スタートアップ企業CEO、CFO
マーケティング	・市場分析、ターゲティング ・ブランディング ・効果的なプロモーション方法	・専門家
プレゼンテーションの極意	・会場から注目してもらえるプレゼン ・聞き手の記憶に残るプレゼン	・先輩スタートアップ企業CEO、CFO ・専門家

ベース部分のコンテンツはプログラム開始前には固める必要があるが、参加スタートアップ企業の声を聞きながら、柔軟に追加変更を加えていきながら、より満足度の高い内容にアップデートをしていくことが求められる（図表4.14）。

4.4 関係者間の信頼関係構築のためには、知的財産の取り扱いと契約形態の整理が重要

4.4.1 整理が求められる背景

オープンイノベーションを推進するためには、知的財産の問題について

4.4 関係者間の信頼関係構築のためには、知的財産の取り扱いと契約形態の整理が重要

整理をして、関係者間の信頼関係を築くことが必要である。

　オープンイノベーションは、複数のプレーヤーがアイデアやノウハウを自由かつ積極的に持ち寄ることで成立する。しかし、その一方、オープンイノベーションの過程で創出されたアイデアや成果物の所有者がわかりづらい面がある。この点で信頼関係を築くことができなければ、アイデアの出し惜しみなどのネガティブな動機が生まれ、オープンイノベーションの効果が大きく減退してしまう。

　また、特に大手企業の場合、自社内で進められている、または進められようとしている技術開発を、オープンイノベーション担当者がすべて認識しているとは限らない。むしろ、すべてを知っている訳ではないといったほうが適切であろう。その結果、オープンイノベーションの取組みの中で、スタートアップ企業と一緒に創出したあるアイデアを結果として採用しなかった一方で、当該担当者の認識範囲外で独自に研究開発が進められていた類似技術に基づく製品・サービスが上市されるようなケースが生じ得る。この場合、本来的には知財の不適切な取り扱いはなされていないものの、スタートアップ企業からは「技術やアイデアを盗まれた」という印象を持たれることがあり、最悪の場合には訴訟に至る可能性すらある。

　この問題を避けるためには、オープンイノベーションの実践に取り組む前に、スタートアップ企業などとの知財の取り扱い全体像を整理しておくべきである。しかし現実的には、本書でもここまでに述べられてきたとおり、大手企業とスタートアップ企業は、経営や事業に関する前提や考え方が大きく異なるため、知財を巡っても合意形成が難航することがよくある。具体的には、大手企業側の上から目線またはリスク過敏が原因で、知財の権利を必要以上に大手企業に帰属させようとするシーンによく出くわす。こうなると、事業面ではよいコラボレーションが期待できそうな場合でも、双方の信頼関係構築が難しくなり、提携深化を進めることができなくなってしまう。こうした知財に関する食い違いは、図表4.15に示したように、主にアイデア創出と提携深化の2つの段階で生じる。

第4章　5カ条を実現させる際、企業がぶち当たる壁とその突破方法

図表4.15　コンフリクトが起こりやすい状況

	アイデア創出段階	提携深化段階
大手企業	創出されたアイデアが自社のものになるような規約にしたい	開発委託契約、または業務委託契約にしたい
スタートアップ企業	自社アイデアのコラボ先が特定の企業に縛られるようなイベントには出たくない	共同開発契約にしたい
落としどころ	双方が譲歩して、中間的な規約（権利は双方に帰属し、無償で利用可）を作成する	大手企業側が譲歩して、共同開発契約にする

　アイデア創出段階では、大手企業とスタートアップ企業が参加するアイデアソンやハッカソンのような取組みが実施されることが多い。そこでは、参加者募集時点、または開催当日に、アイデアの所有権に関する同意書を取っておくことが多い。その同意書に、知財の取り扱いについても記載されるのであるが、ここに大手企業側の一方的な考え方を記載することで、スタートアップ企業にソッポを向かれてしまい、よいアイデアが出ない、またはよいスタートアップ企業が参加しないといった状況に陥ってしまう。

　また、幸いにもアイデア創出段階で優れたアイデアが見つかった場合、アイデアの事業化をめざして何らかの契約を結んだうえで提携関係を深化させていくことになる。具体的には、業務委託契約、開発委託契約、共同開発契約のいずれかを締結することになるのだが、ここにも大手企業とスタートアップ企業の意識に大きな隔たりがある。

4.4.2　アイデア創出段階の食い違い

　先述のとおり、アイデア創出段階では、具体的方策として「アイデアソン」や「ハッカソン」などの形式がとられることが多い。その場合、そこで創出されるアイデアの種類とその所有者は、理論的には下記のマトリクスで表現されるが、規約においてどのように定めるかが非常に重要なポイ

4.4 関係者間の信頼関係構築のためには、知的財産の取り扱いと契約形態の整理が重要

図表 4.16 創出されるアイデアの種類と所有者

権利保有者＼対象	知財	アイデア(知財未満)
SU		
共有		
大手企業	【NG】大手企業がよく陥る思考	

権利保有者＼対象	知財	アイデア(知財未満)
SU	某大手金融機関	
共有		
大手企業		

権利保有者＼対象	知財	アイデア(知財未満)
SU		
共有	某大手自動車メーカー	
大手企業	提携深化段階では可能性あり	

権利保有者＼対象	知財	アイデア(知財未満)
SU		
共有	筆者が考える落としどころ	
大手企業	提携深化段階では可能性あり	

ントとなる。

　大手企業がよく陥りがちな自分勝手なものとして、図表4.16の左上のような取り決めがある。つまり、アイデアソンなどの場で創出された知財・アイデアはすべて大手企業側に所属するというものである。残念ながらこれは「オープンイノベーション」の考え方を完全に履き違えたもの言わざるを得ない。またこの取り決めでは有望なスタートアップ企業が参加してくれる可能性が低く、参加してくれた場合でも有望なアイデアを積極的に出し合う場にはならず、結果としてオープンイノベーション推進には寄与しない。

　某大手金融機関が主催するアクセラレータプログラムの規約においては、知財やアイデアはすべて「スタートアップ企業のもの」と定められている（図表4.16左下）。また、情報科学芸術大学院大学（IAMAS）の教授で

ある小林茂士らが作成した、ハッカソンの参加同意書フォーマット(makeathon_agreement、co-creation_project_agreement)においても、権利はアイデアを創出した者が持つと定められている(小林茂士：https://github.com/IAMAS/makeathon_agreement)。

　スタートアップ企業が安心してアイデアを出すために、オープンイノベーションはこのようにあるべきだと考える。一方で現実的には、大手企業側がこの水準に合わせられる可能性はそれほど高くないのが実際である。その場合、落としどころとして、例えば某大手自動車メーカーが主催するオープンイノベーションプログラムのようなレベルを設定することを推奨したい(図表4.16右下)。

　同社の規約においては、創出された知財は同社とスタートアップ企業の共有としている。そのうえで、提携深化段階において、同社が資金負担などをする場合については、所有権について別途協議する可能性が示唆されている。また、同社の規定では単に「知財」という表記にしているが、「知財未満のアイデア」についても、同様の扱いとすることを規約に含めることが望ましいと考える(図表4.16右上)。さらに、アイデアソン後一定期間に限っては、「主催企業との協業を最優先に検討する」などの文言を追加することも可能ではある。逆にいうと、この水準に合わせることが到底できないような場合に、アイデアソンなどを活用したオープンイノベーションに取り組むことは時期尚早といわざるを得ない。

4.4.3　提携段階の食い違い

　アイデア創出段階でよいアイデアが生まれた場合、何らかの契約を締結したうえで、事業化に向けて協議を進めて行く。具体的な契約形態としては、開発委託契約、業務委託契約、共同開発契約の3パターンがある。大手企業にとってはハードルがやや高い可能性もあるが、オープンイノベーションの本質を踏まえると基本的には共同開発契約を締結するべきである(図表4.17)。

4.4 関係者間の信頼関係構築のためには、知的財産の取り扱いと契約形態の整理が重要

図表4.17　主な契約の違い

契約の種類	類型	内容	オープンイノベーションとの整合性
業務委託契約	準委任契約	■委託者が受託者に対して業務を委託し、その対価として受託者に金銭を払う契約 ■受託者は、委託者に対して善良なる管理者に注意をもって委託された業務を遂行する義務を負う ■委託者は、基本的に金銭を支払う以外の義務を負わない ■委託者は、受託者が間違えると賠償を請求することができる	■委託者(多くの場合大手企業)有利の片務的契約であり、オープンイノベーションの理念から乖離
開発委託契約			
共同開発契約	非典型契約 (法律では規定されていない契約)	■対等なパートナーが、共通のゴールを設定し、それを達成することを約束する契約形態 ■それぞれの役割を定義して、自ら分担した役割を果たすため、自らのリソースを使うことを合意 ■大手企業は、自らの役割の1つとして、開発資金の拠出をコミットし、スタートアップ企業は自らの役割の1つとして開発のために手を動かすことをコミットする	■典型契約ではないため、都度契約を作り込んでいくことが必要だが、オープンイノベーションのスタンスを素直に契約に落とし込むことができる

（出典）　森・濱田松本法律事務所　パートナー弁護士　増島雅和：「スタートアップに必要な法務知識について」資料をもとに、MURC作成。

　開発委託契約と業務委託契約は、準委任契約にあたる。受託者にあたる大手企業にとっては有利な契約であり、かつ契約書作成の手間が少ないため、こちらに誘導するインセンティブが大きい。しかし、スタートアップ企業に不利な立場を強いていて、オープンイノベーションの理念からは乖離しているため、中長期的にこのような契約形態を用いてオープンイノベーションを推進することは難しいと考える。

　一方で共同開発契約は、法律に規定のない形態であるため、契約書を毎回作り込む手間を要する。しかし、対等なパートナーが共通の目的のために役割分担して取り組むという契約形態であるため、オープンイノベーションのスタンスを忠実に契約内容に反映することができる利点が大きい。

大手企業にとっては契約書作成や社内調整コストが生じるものの、真にオープンイノベーションに取り組む意思がある場合は、こちらの契約形態を選択することを期待したい。

4.4.4 信頼関係構築はアイデア創出段階と提携深化段階に分けて検討する

　以上のように、オープンイノベーションにおける信頼関係構築のためには、知的財産の取り扱いと契約形態の整理が重要である。その整理は、アイデア創出段階と提携深化段階に分けて検討するとわかりやすい。そのうえで、アイデア創出段階においては知財を双方が所有することとして、提携深化段階においては共同開発契約を締結することが望ましい。これによって、関係者間の信頼関係を築くことができ、自由で積極的かつ双方向的な真のオープンイノベーションを推進することが可能となる。

4.5 「成果にこだわる」ことが重要

4.5.1 デモデイは、プログラムに関わるすべての人のコミットメントが求められる場

　はじめに、デモデイを実施する意味を説明したい。デモデイとは、名前のとおり「デモンストレーション（製品・サービスの実演）を行う日」である。つまり、プログラム参加時に掲げたビジネスアイデアやサービス・製品アイデアを、プログラム期間のブラッシュアップ、開発を進めた結果、どのようなビジネスモデルや製品・サービスの形に具体化されたのかを発表する場といえる。デモデイは、参加スタートアップ企業にとっては、数カ月間に渡って集中して取り組んできた内容の集大成という意味合いが強い。そのため、限られた時間で伝えるべき内容を絞ったうえで、効果的に演出をしたプレゼンテーションの周到な準備が求められる。また、参加スタートアップ企業にとっては、外部から参加している投資家や企業の人間

4.5 「成果にこだわる」ことが重要

との新しいネットワークを構築できる場としての期待も高い。

　デモデイは、基本的には招待制の場であり、プログラム主催者が、プログラム参加スタートアップ企業のプレゼンテーションを聞いてほしい相手を想定し、然るべき人が集まる場として、場づくりをする必要がある。したがって、プログラムの趣旨に応じて、参加対象とすべき相手が異なるものと考えるべきである。例えば、自社の具体的な製品開発の方針に関わる内容を含む場合は、あくまでも社内の人間のみのクローズな場とし、トップやボードメンバーが中心となった、方針についての判断を求めるような機会と設定することもある。一方、プロジェクト成果をより広く多くの人に知ってもらう場づくりを志向することもできる。関係者だけではなく、投資家をはじめ、企業の新規事業担当者など、広く社外からの参加をとした場に設定することも考えられる。

　また、メディアを呼ぶことにより、新聞やWebなどの広いメディアでプログラムおよび参加スタートアップ企業のことを取り上げてもらうことも考えられる。その際は、どこまでの情報を外部に出せるか、しっかり意識を持つ必要がある。特に、参加スタートアップ企業と主催企業側の今後の協業方針など、今後の取組みに関する内容については、事前に広報などとの抜かりない調整をしたうえで、発表する必要があることを忘れてはいけない。そのうえで、主催企業側でのプレスリリースなどと連動させることにより、最大効果を得られるように進めることが肝要といえる。

　対外的な発表の場としての要素が強いデモデイ場合、デモデイの成功が、プログラムの成功の大きな部分を占めることであるという認識をすべきである。プログラム期間がプロセス（過程）であり、最後のデモデイが結果と捉えることができる。そのため、デモデイの参加者は、結果であるデモデイの評価が、そのままプログラム全体の評価とされてしまうことを肝に銘じる必要がある。

　それでは、デモデイを成功させるために必要なことは何なのか。そのキーワードが、「コミットメント」である。デモデイまでに、スタートアッ

第4章　5カ条を実現させる際、企業がぶち当たる壁とその突破方法

	デモデイに対する期待	コミットすべきこと	
スタートアップ企業	・企業との具体的な協業・提携の発表の場にしたい ・より多くの投資家、企業関係者に自社を知ってもらいたい	・製品・サービスの完成度を上げることへの注力	デモデイ
企業メンター	・プログラムで明確になった課題も含め、自社新規事業として、協業・提携に結び付けたい	・（協業・提携など）デモデイで提示できる内容を具体化 ・上記実現のうえで、解決しなければならない課題の共有	
外部メンター	・投資有望先として成長するため、事業拡大につながるような、企業との協業・提携に進んでほしい	・投資家目線の事業アドバイス（自分が投資するために不足している点の指摘）	

デモデイ（デットライン）までの緊張感醸成
・各アクターのデモデイの期待を高める
・各アクターへのコミットを生む

ファシリテーター

デモデイの場の質を担保
・投資家・企業への参加促進
・当日の企画・運営

事務局

図表4.18　デモデイの設計イメージ

プ企業を含め、プログラム関係者それぞれが成果の形を示していくことが必要になる（図表4.18）。具体的な方向性として、プログラム終了後の事業方向性（具体的な協業方針など）をデモデイの場で発表することができれば、スタートアップ企業、企業の両方にとって、プログラム後の継続的な協業・事業化に向けた取組みとしてコミットメントを示したこととなり、プログラムの大きな成果として捉えられることになる。

デモデイという明確なデッドラインに向け、外部に伝わる形でのプログラム成果をまとめ上げていくという姿勢が肝要になってくる。そうした姿勢は、自ずと、成果を出すことへのいい意味での緊張感を生み、過程としてのプログラムを有意義なものにしていく。

参加スタートアップ企業は、製品・サービス開発のスピード感を高め、企業メンターは、必要な社内調整などへ積極的に取り組み、ファシリテーターは、この緊張感を保つためのケア・コントロールを行う。一方、事務

局は、デモデイ企画運営を担い、プログラム主旨に応じた場づくりを実施する。対外的な内容であれば、参加スタートアップ企業のステージや分野に積極的な投資家への声掛けや、関心の高い企業へのアプローチ、メディア告知を進めることで、デモデイの場としての質を最大限に高める動きに注力する。プログラムに関わるすべての人がデモデイという1つのゴールに向けて一致団結していく雰囲気を作り上げていくことが重要になってくる。

4.5.2 デモデイ後のフォローアップにより、事業をしっかり形にする

プログラムの集大成ともいえるデモデイを終え、アクセラレータプログラム自体は終了する。しかし、主催企業と参加スタートアップ企業の連携が進めば、次の連携ステージの始まりとも捉えられる。対外的な要素が強いデモデイはもちろん、社内に閉じたデモデイであっても、デモデイの場では、デモデイ後の事業方向性を示す何らかのアクションを実施するべきである。デモデイで示された方向性に向けて、デモデイ後はより具体的な取組みを進めることになる。

プログラムでは、期間の制限などから取り組むことができなかった本格的な開発やマーケティング、共同開発などの契約を結んだうえでの具体的な事業化、製品化に取り組んでいくことになる。主催企業にとっては、プログラムで検証しきれなかった課題を詰めていくことにより、本格的な協業体制を構築していくことが求められる。

第4章の参考文献

[1] CB Insights:『Your Startup Has a 1.28% Chance of Becoming a Unicorn』、2015年5月、https://www.cbinsights.com/research/unicorn-conversion-rate/
[2] 小林茂:『ハッカソンの参加同意書フォーマット(makeathon_agreement、co-creation_project_agreement)』、(https://github.com/IAMAS/makeathon_agreement)。
[3] アレックス・オスターワルダー、イヴ・ピニュール(著)、小山龍介(翻訳):『ビ

第 4 章 5 カ条を実現させる際、企業がぶち当たる壁とその突破方法

　　　ジネスモデル・ジェネレーション』、翔泳社、2012 年。
［4］　クレイトン・クリステンセン(著)、玉田俊平太(監修)、伊豆原弓(翻訳)：『イノベーションのジレンマ──技術革新が巨大企業を滅ぼすとき(増補改訂版)』、翔泳社、2011 年。

第5章

産業振興・地方創生に向けたオープンイノベーションの活用

5.1　豊田市が実施した「ものづくりベンチャーと市内製造業のマッチング事業」

　ここ数年で、政府や地方自治体も「オープンイノベーション」に関心を寄せはじめている。既存企業とスタートアップ企業によるオープンイノベーションを政策的に支援することは、経済・産業の新たな担い手となるスタートアップ企業の育成につながるだけでなく、地域の経済や雇用を支える既存企業の生産性向上や付加価値向上につながる。本章では、平成29年度に豊田市が実施したオープンイノベーション支援の事業を例にとって、「産業振興・地方創生に向けたオープンイノベーション活用」のあり方について紹介したい。

　2018年2月2日、愛知県豊田市において、とあるイベントが開催された。

　「ものづくりベンチャーと市内製造業のマッチング事業　DEMO DAY（デモデイ）」と名付けられたこのイベントでは、東京のベンチャー企業2社と豊田市内の自動車関連製造業企業4社が、4カ月間かけて共同開発した3種類のプロダクトが発表・展示され、地域内外の製造業関係者や行政関係者から注目を集めた。いわゆる「オープンイノベーション」の具体例である。

　その1つは、「工業用ミシンのIoT化ソリューション」(図表5.1)。これは、自動車のシートカバーの製造を手掛ける「トヨタケ工業」と、東京のベンチャー企業「ロビット」が共同で開発したプロダクトだ。

　トヨタケ工業をはじめ、工業用ミシンを使用する工場では、年代の異なる多数のミシンを常時稼働させてシートカバーを製造しているが、そのほとんどはかなりアナログな代物で、稼働状況に関するデータを吸い上げることができない。稼働状況などのデータを常時取得し、解析することで生産性の向上につなげたいという想いは多くの工業用ミシンユーザー企業が感じているところで、このニーズに応えるのが、トヨタケ工業とロビット

第 5 章　産業振興・地方創生に向けたオープンイノベーションの活用

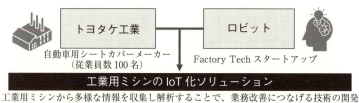

図表 5.1　工業用ミシンの IoT 化ソリューション

が開発したソリューションである。独自開発のセンサーユニットを後付けでミシンにセットしデータを取得。データはクラウド上で解析され、スマートフォンなどからリアルタイムに確認することが可能である。

　2 つ目は、「AI 技術による外観検査の自動化ソリューション」(図表 5.2)。ベンチャー企業「ロビット」が開発中であった技術に、トヨタ自動車のティア 1 にあたる自動車部品大手(協豊製作所、小島プレス)2 社が協力する形で開発されたソリューションで、現在はほとんどの企業が検査員による目視検査を行っている「外観検査」の工程を、ディープラーニングによる画像認識によって自動化し、大幅な効率化を実現するものだ。

　自動車部品メーカーでは、取引先からの品質に対する要求水準が年々高まっており、外観検査の工程にかかる負担が重くのしかかっているうえ、人手不足・高齢化によって検査員の確保も困難になりつつある。このソリューションが実用化されれば、自動車産業全体に大きなインパクトがある。

　3 つ目は、「モニター移動ロボット　Moniii(モニー)」(図表 5.3)。自動車部品メーカー向けに専用設備の設計・開発を行う中小企業「㈱東亜製作所」と、東京のベンチャー企業「オチュア㈱」が開発したプロダクトで、一言で表現すれば「自律走行する大型モニター」である。

5.1 豊田市が実施した「ものづくりベンチャーと市内製造業のマッチング事業」

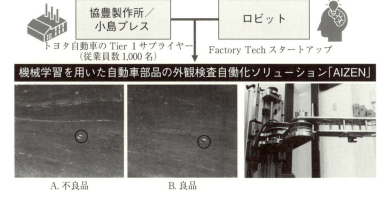

図表 5.2　AI 技術による外観検査の自動化ソリューション

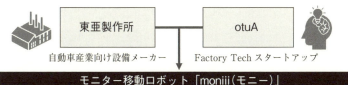

商業施設内での来場者への効率的な情報伝達や、施設案内・商品案内を行うモニター移動ロボット「moniii(モニー)」を開発

図表 5.3　モニター移動ロボット　Moniii(モニー)

　大型商業施設や小売店舗などではすでに人手不足が深刻な問題になっており、ソフトバンクの「Pepper」などのコミュニケーションロボットでそれを補おうという動きがみられる。この Moniii は、施設の案内や商品の紹介などを、ロボットそのものではなく、大型モニターに映し出されるアニメーションや実写の多様な「コンテンツ」が担うことを想定したものだ。例えば(otuA ㈱の代表者、星野氏の言によれば)カーディーラーで、

モニターに映し出された人物が（Moniiの自律走行機能によって）車の周囲を移動しながら、その車の紹介をする、というような用途が想定される。

このMoniiiは、いわばスマートフォンのようなプラットフォームであり、コンテンツは外部の企業などが自由に開発できるように開発環境をオープン化することも計画している。

この3つのプロジェクトは、分野も参加企業もさまざまだが、いずれも、ベンチャー企業と自動車関連の製造業企業が連携して開発したものだという点で共通している。どのプロジェクトも、4カ月という短い期間で開発を進め、事前に立てた計画どおりか、それ以上の成果を上げた。そして、単に成果発表会でのお披露目で終わるのではなく、これを書いている2018年7月時点でも、それぞれ「実際に」事業化に向けて開発が継続している。

ここで「実際に」と書いたのは、もちろん、そうではないケースが多いからだ。製造業、特に自動車のような重厚長大型の産業に関わる方々であれば多くが同意していただけるのではないかと思うが、いわゆる「企業間連携による新規事業創出」で、話題作り以上の成果を生み出すことはかなり難しい。筆者もこれまで、政府や地方自治体の産業政策の立案や実行支援に関わる仕事に携わり、製造業の新規事業創出、企業間連携の現場や事例を間近で見てきた。そうした事例の多くは、さまざまな理由で、「その場限り」あるいは「開発だけ長く続いて出口がない」、「事業化してもニッチすぎて収益に貢献しない」という状況に陥る。これは、その取組みに関わるすべての主体にとってあまり望ましくない結末である。

そんな中にあって、この豊田市のイベントで発表された3つのプロダクトが、「実際に」事業化に向けて歩みを進めている事実は注目に値する。本章では、この3つのプロダクトを生み出した、豊田市による「ものづくりベンチャーと市内製造業のマッチング事業」に焦点を当てて、製造業とベンチャー企業のオープンイノベーションのあり方、そして、政府・行政の役割について整理したい。

5.2 豊田市事業のスキーム・特徴

「ものづくりベンチャーと市内製造業のマッチング事業」(図表5.4)。これは、豊田市役所と、とよたイノベーションセンター、三菱UFJリサーチ＆コンサルティングの3者が連携して実施した、オープンイノベーション支援のプログラムだ。豊田市は、トヨタ自動車の本社があり、また、多くの自動車部品メーカーが立地している、いわずと知れた「自動車産業の街」である。自動車産業は日本の産業の中でも特に競争力の高い産業で、豊田市内の企業も他地域に比べればかなり恵まれた環境にあるといえる。

一方で、市の産業構造があまりにも自動車産業に偏っていること、さらにその自動車産業自体も、ガソリン車から電気自動車への移行に伴う部品需要の変化など、大きな変革を目前にしており、危機感が高まっている。

豊田市役所では、こうした時代の変化に対応して市の産業・雇用を維持・発展させるため、政策リソースを注ぎ込み、市内の自動車部品メーカーなどに対して経営基盤の強化や新規事業創出を促している。そして、今回の事業も、その流れの中に位置づけられている。つまり、市内の自動車部品メーカーが、全国の有望なベンチャー企業と連携する機会を提供することで、市内企業の経営基盤の強化や新規事業創出を支援しようという取組みが、この「ものづくりベンチャーと市内製造業のマッチング事業」で

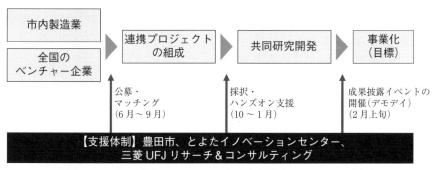

図表5.4　ものづくりベンチャーと市内製造業のマッチング事業

ある。

　このプログラムの中身は以下のようなものだ。①豊田市役所などの行政が実施主体となって、②全国からものづくり系のベンチャー企業を募集し、また③スタートアップ企業との連携意思のある市内製造業を募集し、④両者をマッチングして共同開発のプロジェクトを組成し、⑤4カ月間の開発期間をハンズオンで支援し、⑥成果発表のためのイベント（デモデイ）を開催する。

　プログラムの内容自体はシンプルなもので、一部分だけを取り出すと、特別新しいものには見えない。地方自治体が地域企業の新規事業創出を支援する施策には多くの事例があるし、企業間連携に向けたマッチングを行う事業も同様にたくさんある。

　最近では、行政がスタートアップ企業支援のための「アクセラレータプログラム」などを実施する事例も増加している。既存の事例と、今回の豊田市の事業が違うのは、以下の3点がセットになっている点だろう。つまり、「製造業に焦点を当てている点」、「スタートアップ企業と既存企業のオープンイノベーションを促進する事業である点」、「行政が実施主体となっている点」である。

　筆者も、この事業の事務局メンバーとしてプログラム運営に関わったが、この3点セットはかなりよい組合せだと感じた。この経験を通して、製造業におけるオープンイノベーションの可能性や、そこに行政が関与する意味について少しずつ見えてきた気がしている。

　「製造業におけるスタートアップ企業とのオープンイノベーションは、困難ではあるが、成功すれば非常に大きなインパクトを生み出すことができる」、そして、「政府や行政がそこに関与することで、オープンイノベーションの成功確率やインパクトを高めることができる」。これが現在の筆者の考えである。

5.3 製造業におけるオープンイノベーションの2類型

　ひとくちに「製造業におけるオープンイノベーション」と言っても、その実態はさまざまだ。そこに関わる主体の目的や保有するリソースは多様で、上手くいく組合せとそうではない組合せがある。

　豊田市の事業では、スタートアップ企業と製造業企業の、一対一のお見合い形式のマッチングを10回以上試みて、その中で3つの組合せが実際の連携に結びついた。この経験から、大きなインパクトを生み出し得る連携のあり方には、2つのパターンがあると考えるに至った。「ハードウェア・スタートアップ型」のオープンイノベーション、そして、「ファクトリー・テック型」のオープンイノベーションの2種類である。

5.3.1 「ハードウェア・スタートアップ型」のオープンイノベーション

　「ハードウェア・スタートアップ型」のオープンイノベーションとはつまり、自社で最終製品の開発を行うスタートアップ企業(ハードウェア・スタートアップ)に対して、製造業企業が要素技術の提供や、試作・量産面で協力するという連携の形である。

　ハードウェア・スタートアップは多くがファブレス(工場を持たない会社)で、自社で「製造」に必要な資源(ノウハウ、人材、設備)を持たないケースが多い。そのため、外部の製造業企業と連携することで、これを補っていく必要がある。連携先となる製造業企業側も、スタートアップ企業の画期的な製品の開発や製造に協力することで、それが大きな事業となった際にともに成長していける可能性があり、互いが互いを必要とするWin-Winな関係を構築することが可能である(図表5.5)。

　今回の豊田市のプログラムの中では、「モニター移動ロボットMoniiiの開発」事例がこれに該当する。この事例では、スタートアップ企業の

第 5 章　産業振興・地方創生に向けたオープンイノベーションの活用

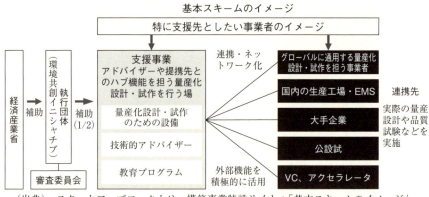

（出典）　スタートアップファクトリー構築事業特設サイト：「基本スキームのイメージ」
https://startup-f.jp/about/

図表 5.5　「スタートアップ・ファクトリー構築事業」のスキーム

otuA が企画したロボットの、足回り部分の試作を、自動車関連の設備メーカーである東亜製作所が担った。

なお、この「ハードウェア・スタートアップ型」のオープンイノベーションに関しては、経済産業省および中小企業基盤整備機構からの受託調査という形で、弊社が執筆に関わった 2 つのレポートに詳細に述べられているので、紹介しておきたい。

経済産業省委託平成 28 年度製造基盤技術実態等調査（ものづくりベンチャーと製造業の連携等に関する調査）
http://www.meti.go.jp/meti_lib/report/H28FY/000342.pdf
中小企業基盤整備機構『ものづくりベンチャーと中小製造業の連携に関する調査研究』
http://www.smrj.go.jp/research_case/research/knowledge/index.html

---

このようなハードウェア・スタートアップ型のオープンイノベーションは、少しずつ注目を集めるようになっている。経済産業省は平成 29 年度

の補正予算で、ハードウェア・スタートアップ企業のものづくりなどを支援する企業に対する補助事業「Startup Factory 構築事業」を実施。2018年6月には、33社の事業者が採択された。

5.3.2 工場の生産性を高める「ファクトリー・テック型」のオープンイノベーション

　製造業におけるオープンイノベーションの、もう1つのパターン。それは、スタートアップ企業と製造業企業が連携して、ものづくりの現場の課題解決や、製造プロセス・生産技術を革新するようなプロダクトを開発する、というものだ。

　最近では、スタートアップ企業を便宜的に分類する際に「●●（事業領域名）テック系のスタートアップ」という表現が使われることが多い。例えば、金融系の事業を手掛けるスタートアップ企業であれば「フィンテック」、教育系の事業を手掛けるスタートアップ企業であれば「エドテック」という具合だ。その慣習に従って、われわれは、上記のような製造現場や工場に関係するソリューションを開発するスタートアップ企業や共同開発プロジェクトを「ファクトリー・テック」と呼んでいる。

　豊田市の事業では、「工業用ミシンのIoT化」と、「外観検査の自動化」の2つのプロジェクトが、「ファクトリー・テック」に該当する。このうち、特に後者は、この事業をきっかけに数十件以上の引き合いが寄せられる注目のプロジェクトとなり、『2018年版ものづくり白書』にも掲載されたため、その内容をColum ②（pp.108〜109）に転載した。

　指摘すべきことの多くは第5章の後に携載したColumn ②で述べられているが、ここで重要なポイントを示しておきたい。

　この事例が上手くいった理由は、「スタートアップ企業」側と「製造業」側の思惑と利害が一致したことにある。両者は、それぞれ自社の発展のために実現すべき目標があり、自社だけではそれを達成できないという課題を持っていた。両者が互いを必要としており、互いを信頼して連携に取り

組んだことで成果を生み出せたといえる。そして、豊田市役所という「行政」側が、両者の連携のきっかけを作ったこと、信頼関係の土台を作ったこともポイントとしてあげられる。スタートアップ企業、製造業、行政、それぞれの主体が、この事例にどのように関わったのか、もう少し詳しく見ていきたい。

　スタートアップ企業の「ロビット」は、このプログラムに参加する前から、外観検査の自動化ソリューションを開発して世界中の製造業に届けたいという意欲を持ち、自社での開発に取り組んでいた。そして、その開発を成功させるためには、有力な潜在顧客を巻き込んで開発やPoCに取り組んでいく必要があり、その相手となる製造業企業を探していた。スタートアップ企業にとって、PoC（概念実証）は事業化に向けた不可欠かつ重要なステップで、この段階で「どの企業と組むか」によって、事業化の成功確率は大きく異なってくる。

　そんなロビットにとって、豊田市のプログラムの中で出会って連携が実現した協豊製作所と小島プレスは、まさに理想の相手だった。この2社はトヨタ自動車のサプライヤーの中でも高い生産技術を誇る企業で、外観検査の自動化に関しても自社内で技術開発を進めてきた蓄積があった。そうした企業とPoCに取り組むことで、ロビットは解決すべき課題をほんとうの意味で絞り込むことができ、質の高いソリューションを生み出すことができた。また、トヨタ自動車のティア1サプライヤーという高い知名度とブランド力を持つ2社との連携実績を得たことで、他の自動車部品メーカーからの引き合いにつながった点も重要である。

　一方、小島プレスや協豊製作所は、自社工場や協力企業の生産性を高める新しい技術を幅広く探索していた。特にAI技術に関しては、自社の既存技術とは連続性が薄く、自社開発では限界があり、新たな連携先を模索している状況であった。連携先として、大手のシステム・インテグレータなども検討したものの、開発スピードやコスト、機能の面で実用レベルのものにはならず、スタートアップ企業とのオープンイノベーションに期待

をかけるようになっていた。そんな両社にとっても、豊田市のプログラムの中で出会ったロビットは、連携先として理想の相手だった。ロビットは当時、従業員数10名程度の若く小さなスタートアップ企業であったが、AIに関する高い技術を持ち、製造現場のこともよく知る稀有な存在で、よくありがちな「スタートアップ企業と既存企業の間で互いの常識が食い違いすれ違う」ということもなく、短期間で高い成果を実現した。

そして豊田市役所をはじめとする事務局も、この両者の出会いのきっかけを作り、両者が信頼関係を構築するうえで大きな役割を果たした。

小島プレスおよび協豊製作所は、当地の自動車関連企業の中では、外部との連携経験が豊富でオープンな企業である、しかしそれでも若いスタートアップ企業との接点は少なく、「魅力的で信頼のおける」スタートアップ企業との出会いを求めていた。そして、スタートアップ企業側も同様に、「魅力的で対等に連携できる」製造業企業との出会いを求めていた。

その点で、地元企業との緊密なネットワークを有する豊田市およびとよたイノベーションセンターと、スタートアップ企業とのネットワークを有する当社からなる事務局は、スタートアップ企業と地元企業双方のニーズを解きほぐしながら、お互いに最適な相手を紹介することができたといえる。さらに、公的な主体である事務局側がある程度のスクリーニング機能を果たすことで、スタートアップ企業と地元企業が、「腹の探り合い」をすることなく、信頼関係を構築できたという点も重要である。

以上のように、この事例ではスタートアップ企業と製造業企業、そして行政の3者が、互いに必要不可欠な役割を果たしながら、多くの工場が抱える「外観検査工程における人手不足」という課題に対して効果的なソリューションを生み出した。

筆者も、この連携プロジェクトの進行をすぐ傍で見ていたが、製造業企業側が検査対象となる部品のサンプルをロビットに提供して短いミーティングを終えると、ロビットが1〜2週間でシステムを更新してぐんぐんと検査の精度を高めていき、最終的には検査用のロボットまで自社で開発し

てしまい、関係者全員が目を丸くするというシーンを目にすることもあった。これが、製造業の生産性向上、ファクトリー・テック領域における、オープンイノベーションの重要性に気づかされた瞬間だった。

5.4 産業振興・地方創生におけるオープンイノベーションのポイント

　最後に、ここまで見てきたことを踏まえて、「製造業におけるオープンイノベーションのあり方」、そして、「パブリック・セクターによるオープンイノベーション支援のあり方」のポイントについて、整理しておきたい。図表5.6に産業振興・地方創生におけるイノベーションの枠組みを示す。

　① 製造業、特に部品メーカーとスタートアップ企業のオープンイノベーションは、成功すれば非常に大きなインパクトを生み出す。
　② そのあり方には2種類があり、1つは「ハードウェア・スタートア

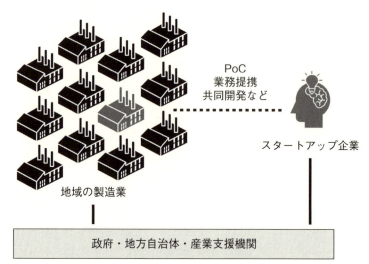

図表5.6　産業振興・地方創生におけるオープンイノベーションの枠組み

ップ型」、もう1つは「ファクトリー・テック」型である。
③ 「ハードウェア・スタートアップ型」のオープンイノベーションは、スタートアップ企業の最終製品の開発・製造に、ものづくりの資源を有する製造業企業が協力する形。「ファクトリー・テック型」は、製造業の現場の課題解決や、工場の生産性向上などに資するソリューションを連携によって開発・実用化するもの。
④ 特に後者「ファクトリー・テック型」は、いまだ十分に注目されていないが、これから活発化が見込まれる領域。工場の多くは共通した課題に直面しており、しかも、それらの課題の中には、スタートアップ企業の持つ技術によって解決可能なものも少なくない。
⑤ どちらの型でも、スタートアップ企業と製造業の連携には、「出会いのきっかけがない（互いに情報がない）」、「信頼関係を構築することが難しい」といった問題がある。この問題は、地域企業との緊密なネットワークを持つ地方自治体や地域の産業支援機関などが間に立つことで、上手く解決できる。
⑥ オープンイノベーションが進むことで、そこで生まれたプロダクトが大きな事業となって地域の経済を支え、多くの地域企業の生産性を高めるなど、「地域」単位、「全国」単位まで効果が波及する。

第5章の参考文献
[1] 経済産業省：『2018年版ものづくり白書』、2018年5月。

Column ②　スタートアップ企業が大手自動車部品メーカーと連携して生み出した外観検査の自動化ソリューション…㈱ロビット

●㈱ロビットの戦略

　㈱ロビット（東京都板橋区）は、「ハードとソフトで、新しい価値を生み出す」ことを掲げ、IoT機器やロボットなどの開発を行う、2014年創業のものづくりスタートアップである。同社は、2016年に初めての自社製品として、スマートフォンでカーテンの開閉を制御できる後付け型の機器「目覚ましカーテンmornin'」の販売を開始した。この製品は、年間数万台の販売台数を数える長期的なヒット商品となり、同社が注目されるきっかけとなった。

　このロビットが、次の事業として開発を進めているのが、製造プロセスのイノベーション、具体的には「製造業における外観検査工程の自動化」である。同社は「mornin'」の開発と量産にあたり、部品の発注や組立などで多くの工場との接点を持ち、そこで外観検査工程が製造業全体の大きな課題となっていることに気づいた。製造業における外観検査工程は製品の品質を左右する重要な工程だが、形状や色彩の多様さから自動化が難しく、熟練検査員による目視検査が中心となっている。しかし、近年では熟練検査員の高齢化が進み、かつ、人手不足で新規雇用も困難になるなど、課題が深刻化している。外観検査工程にかかっているコストは国内だけで数千億円以上といわれ、この課題を解決することができれば、製造業の生産性を飛躍的に高めることができるとともに、同社にとっても大きなビジネスチャンスとなる。

●豊田市役所の「スタートアップ企業と製造業企業のマッチング事業」

　法人向けの製品・サービスを開発していくうえで重要なのは、ユーザー企業の抱える課題を正確に把握して、その課題にフィットした解決方法を実現していくことである。そして、そのためには潜在的なユーザー企業と

Column ② スタートアップ企業が大手メーカーと連携して生み出した自動化ソリューション

外観検査用ロボットアーム
先端のカメラで対象を撮影
（出典）㈱ロビット

AI 技術による画像処理
良品・不良品を識別

図　AI 技術を活用した外観検査の自動化ソリューション「AIVIS」

深く連携しながら開発していくことが効果的である。そこでロビットでは、豊田市役所が実施しているスタートアップ企業と製造業企業のマッチング事業に参加。そこで出会った豊田市内の大手自動車部品メーカー 2 社、㈱協豊製作所と小島プレス工業㈱と連携しながら開発を進め、2018 年 2 月には、専用のロボットと AI 技術を組み合わせた外観検査の自動化ソリューション「AIVIS（アイビス）」を発表した（図）。このソリューションは、既存の外観検査ソリューションと比べても少ないサンプルで高い精度を出すことができ、検査員と同程度の不良品検出率を達成している。

この事例は、ものづくりスタートアップ企業が潜在的なユーザー企業である大手自動車部品メーカーと連携しながらソリューションを開発しているという点、そして、豊田市役所という行政が間に入ることで両者のマッチングがスムーズになり、受発注関係とは異なる対等な連携が実現しているという点が特徴的である。大手企業側は、有望なスタートアップ企業の持つ技術をいちはやく自社の製造プロセスに取り入れたいというニーズがあり、行政側も産業政策として地域企業の生産性向上を支援する動機がある。

このように、ものづくりスタートアップ、製造業企業、行政の 3 者は全員がメリットのある関係を築くことが、この連携が製造プロセスのイノベーションを起こしていくうえで重要だと考えられる。

（出典）　経済産業省:『2018 年版ものづくり白書（ものづくり基盤技術振興基本法第 8 条に基づく年次報告）』、p.173（2018 年 5 月）より転載。

第6章

オープンイノベーションを活用する未来の企業像

6.1 SDGs から CSV 事業を創造する

6.1.1 SDGs とは

　SDGs とは「Sustainable Development Goals（持続可能な開発目標）」の略称である。SDGs は 2015 年 9 月の国際連合サミットで採択され、国際連合（国連）加盟 193 カ国が 2016〜2030 年の 15 年間で達成するために掲げた 17 の目標（図表 6.1）と 169 のターゲットからなっている。

　日本経済団体連合会（経団連）では、民主導による豊かで活力ある社会を実現するために、2017 年に企業行動憲章を改訂した。特に、「SDGs（持続可能な開発目標）」の達成に向け、創造性とイノベーションの発揮を推進するため、革新技術を最大限活用し、人々の暮らしや社会全体を最適化した未来社会「Society 5.0」の実現をめざしている。経済成長と社会的課題の解決が両立するこの未来社会の姿は、SDGs の理念とも一致する。経

（出典）　国際連合広報センター：「SDGs のロゴ（日本語版）」
　　　　http://www.unic.or.jp/files/sdg_logo_ja_2.pdf　（2018 年 9 月 12 日現在）

図表 6.1　SDGs が特定した解決すべき 17 の社会課題が描かれたロゴ

団連では、Society 5.0 の実現を通じた SDGs の達成を柱として、企業倫理や社会的責任には十分配慮しつつ、それらを超えて持続可能な社会の実現を牽引する役割を担うことを明示したものとなっている。

6.1.2 CSV 事業とは

　CSV 事業とは、Creating Shared Value（共有価値創造）事業の略で、ビジネス収益と社会利益の同時達成をめざす概念である（図表 6.2）。われわれは、その概念をわかりやすく整理するため「1Action2Value」と説明しており、1 つの施策が、ビジネス収益と社会利益を同時に達成できる事業と定義している。

　企業は、ビジネス収益と社会に与えるプラス影響を同時に達成し、収益を上げながら社会をよい方向へ改革していく「共創プロセス」ともいえる活動である。そのステップは、Michael E. Porter の学術的な整理を、わかりやすく整理すると以下のようになる。この研究によれば、ビジネスを通じて社会貢献を実現していくものと位置づけられる。

　① 既存事業の価値連鎖の仕組みを変革し、社会貢献に寄与する。
　② 新規事業で現在満たされていない顧客ニーズを新たに発見し、社会貢献に寄与する
　③ 地域や発展途上への市場アプローチを通じ、現地サプライヤーやコーディネイターなどとともにビジネスモデルを組成する。

　この CSV 事業は、SDGs と密接に関連している。経営者は、3 つの視点で、リーダーシップを発揮し、PDCA を回している（図表 6.3）。

　企業社会で活躍しているリーダーたちは、儲けるために、①競争優位、②差異化、③市場シェア、④収益率、⑤効率化の視点で事業を評価していることが多い。

　しかし、最近ではサステナビリティ（持続的な成長）視点で、経営者自らが①世の中をもっと幸せにしたいなどの想いや、②株主の視点として、ファミリー企業が上場企業まで成長するに従い、投資家から社会的視座の広

6.1 SDGs から CSV 事業を創造する

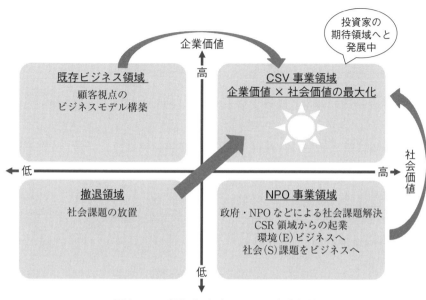

図表 6.2 投資を呼び込む CSV 事業領域

- ミッション：世の中を真に幸せにする社会課題解決型事業の創造・発展・持続
- ビジョン：スマート社会の実現に寄与する企業
- バリュー：社会の安全・快適へのノウハウ提供・連携

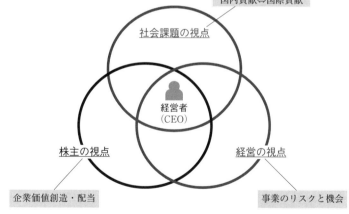

図表 6.3 CSV 事業の 3 つの視点

115

がりや、持続的な経営が将来まで持続するかを評価されるし、③ビジネスモデルの視点として、社員、技術、顧客などの知的資産が将来のキャッシュフローを生むモデルの持続性など、事業のリスクと機会の視点から常に評価されるようになってきた。

　特にスタートアップ企業が上場企業になるプロセスの重要事項の1つが社会課題の解決ともいえる。例えばSDGsに関連する社会解題解決の事例を以下に述べる。

① 人生100年を踏まえた人生、二毛作、三毛作起業のビンテージ・ラボなどの創設・運営
② ICT（情報通信技術）を活用し、家族や友人・職場の笑顔をつなげ・共有する
③ 認知症の発生を減らす
④ 交通渋滞を減らす
⑤ 衝突回避で交通事故を減らす
⑥ 老朽インフラを持続可能にメンテナンスを施し、維持・更新する
⑦ 熟練ノウハウ移転・共有し、次世代を育成する
⑧ 危険予知／故障予知で事故をなくす
⑨ 変種変量生産で、マーケットに無駄なく供給し、廃棄物を減らす
⑩ 発注者と供給者がほしいときに、ほしい量を物流全体の最適化の視点でバランスをとる
⑪ 固定資産共有で最適化したレンタルサービスを提供する
⑫ マーケティング最適化で、在庫ロスを減らす

6.2　CSV（creating shared value）事業の成功事例

6.2.1　「快適社会」をめざす三菱ケミカルHD

　㈱三菱ケミカルホールディングスは、グループ理念「Good Chemistry

for Tomorrow」に基づき、人、社会、そして地球環境のよりよい関係を創ることをめざし、快適社会をめざしている(図表6.4)。

環境負荷低減(気候変動、生物多様性、水、資源、エネルギーなど)、労働安全衛生、健康の増進など社会課題を解決するために、KAITEKI経営を推進することで、企業価値を高めることをねらいとしている。KAITEKIというローマ字を使用することで、日本から世界へ伝える経営指標(KPI)を工夫している。

① 営業利益や総資本利益率など財務指標を用いる資本効率重視の経営（MOE: management of economics）
② イノベーションの創出を追究する技術経営（MOT: management of technology）
③ 人や社会、そして地球のサステナビリティの向上をめざす経営（MOS: management of sustainabiblity）

当社は、2011年度から上記、3つの経営管理指標「KAITEKI指標」を導入し、環境負荷の低減や人間の健康、快適な生活など提供価値の総称とし、各事業がどれだけのKAITEKI価値を生んだかを指数化し、経営判断に生かしている。発案者の小林喜光会長は、「ISOなど規格・指標作りはほとんど欧米任せ。かつてKAIZENという言葉が世界に広がったように、新しい価値観を日本から世界に発信したい」と意気込んでいる。

図表6.4 快適社会をめざす、三菱ケミカルのKAITEKI経営

切り口	社会課題	CSV戦略	ゴール	共創プロセス
快適	■環境 ■安全 ■健康	■3つのKAITEKI指標で、イノベーション&サスティナビリティ&収益力向上	■人、社会、そして地球環境のより良い関係を創ることをめざす快適社会の創造	■KAITEKI共有ツールをサプライヤーに展開

(出典) 三菱ケミカルHP

6.2.2 人々を安全・安心に運び、心まで動かすトヨタ

　トヨタ自動車のCSV事業における社会課題解決の方向性はシンプルである。

　トップメッセージとして豊田章男社長は、「痛ましい交通事故をなくし、社会に貢献したい」と伝えている。

　クルマは、人やコミュニティとつながり、社会システムとしての役割が期待されている。特に、AI、自動運転、ロボティクス、コネクティッドなどの新しい技術領域の取り込みが重要な要素となってきている。オープンイノベーションは特に重要で、他社や異業種のパートナーとの協業や仲間づくりに積極的に取り組んでいる。当社は、次の100年を見据え、もっと自由に、もっと楽しく移動できるように、クルマをつくる会社から、モビリティ・カンパニーに変わっていくことを宣言し、よりよい「未来のモビリティ社会」の実現にチャレンジしていきたいと考えている(図表6.5)。

　以下は、トヨタが、社会解題を解決するための主な目的・目標である。

① 環境チャレンジ2050年でCO_2を90%削減
② つながる車で新たなモビリティサービス(例：渋滞を避けるなど)
③ 交通事故者ゼロに向けて自由に移動できる手段の提供
- もしもの衝突を避ける
- 大きな事故につながる車線逸脱を防ぐ
- 運転者の負荷低減・事故防止ができる車間追従走行
- 夜間のライトを調整し、事故を予防する

図表6.5　トヨタの共創プロセスは、スピード&オープン

切り口	社会課題	CSV戦略	ゴール	共創プロセス
安全・安心&CO_2	■交通事故 ■交通渋滞 ■CO_2排出	■新しいモビリティ社会の創出	■人々を安全・安心に運び、心まで動かす	■スピード&オープンでスタートアップ・他社連携

(出典)　トヨタHP

豊田章男社長は、トヨタのルーツは自動織機であり、当時は、自動織機の会社が自動車をつくるようになるとは誰も予測しなかったと語っている。いま、自動車業界は、新しいライバルが登場しており、「スピード＆オープン」を掲げ、スタートアップ企業や他社との共創プロセスを構築し、成果を上げつつある。

　トップは、共創プロセスへのメッセージとして「彼らに共通するのは、「世の中をもっとよくしたい」というベンチャー精神です。かつての私たちがそうであったように、どの業態が「未来のモビリティ」を生み出すのか、それは、誰にもわからないと思います。ただ、間違いなくいえるのは、次のモビリティを担うのは、「世の中をもっとよくしたい」という情熱にまさる者だということです。

　「もっといいクルマをつくりたい」「どんなにクルマが進化したとしても『愛』のつくモビリティであり続けたい」と語っている。」

　トヨタの変わらない理念と社会貢献との関係性は、以下のとおりである。

① 成長は持続可能でなければならない。
② 正しいことをすれば収益はついてくる。
③ お客様に日々笑顔になっていただき、期待を超えていかなければいけない。
④ Best などなく Better しかない。
⑤ ひたむきで情熱を持ち、どんなことも成し遂げる会社であり続ける。

6.3　日本の未来社会を彩る社会課題解決

6.3.1　未来社会の姿（人・町・仕事・地域）

　日本は、未来社会の第一段階として、2020年の東京オリンピック・パラリンピックで「優れたレガシー」となる社会システムを確立する必要が

第6章　オープンイノベーションを活用する未来の企業像

（出典）　内閣府：「Society 5.0 資料」
http://www8.cao.go.jp/cstp/society5_0/society5_0.pdf

図表 6.6　Society 5.0 の「快適・活力・質の高い社会」とは

ある。

具体的には、
① 　少子高齢社会への対応
② 　一人ひとりの働き方改革・高度化
③ 　資源循環型社会の構築など

より構造的な社会課題解決や未来創造をめざし、AI、ICT の活用などデジタル化や社会システムの最適化を進める。

　また東京のみでなく、名古屋、大阪、広島、福岡など他の大都市圏への展開や、大都市圏の周辺自治体などへの展開を進め、日本発の快適性・経済性・安全性を兼ね備えた新しい都市づくりを普及させる必要がある。快適性・経済性・安全性を兼ね備えた新しい都市を実現するには、そのリソースとなる「都市活動データ」を収集するセンサネットワークなどの基盤的インフラを早期に整備することが不可欠である。公的データ・民間データの提供や、オープンデータ化を促進する制度を同時に導入することが求

6.3 日本の未来社会を彩る社会課題解決

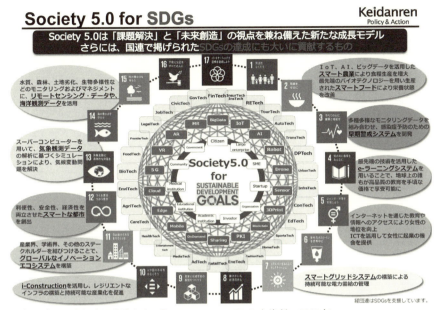

（出典）日本経済団体連合会：「Society 5.0 for SDGs」資料、2017年。
図表6.7　未来社会実現に向けた社会課題解決

められる。

　さらに、オープンデータなどを活用した中堅・中小企業、スタートアップ企業、NPO、市民自身によるサービスの展開を促進すべく、新たなプレーヤーによる市場参入を可能にする新たなエリアマネジメント体制を各自治体が連携し、権限や責任の明確化も進めることが肝要である。

　内閣府が提唱しているSociety 5.0では、「快適」「質の高い生活」「活力」を実現するために、サーバー空間と現実空間が高度に融合して、必要な物・サービスが、必要なときに、必要なだけ提供され、ムリなく、ムダなく、ムラのない快適社会をめざしている（図表6.6、図表6.7）。

6.3.2　理想の未来とは

　2050年のわれわれの未来はどうなっているだろうか？　例えば人々の

第6章　オープンイノベーションを活用する未来の企業像

「暮らす」「働く」「学ぶ」「楽しむ」「移動する」など、一日の活動の変化を見てみよう。

〈人々の生活視点〉

① 朝起きたときに、個人の体調が見える化され、今日の健康上の留意事項など、個人別に、予防情報やサポート情報が得られる

② 個人ごとに足りない栄養素など健康リスク情報が得られる

③ 家庭・職場・移動中での健康モニタリング(ウェアラブルデバイスなど)によるデータ分析や、個々の医療情報を集積したパーソナルヘルスレコードの活用によって、生命保険などを組み合わせた健康増進サービスが受けられる。

④ 遠方の家族や、職場の同僚と、VR・AR・ロボットなどを活用し、距離を超えて「幸福感あれるコミュニケーション」や「効率的な業務」ができる。

⑤ 都市に住む人と地方(農家など)が「個人単位」でつながり、日々の体調や個人の嗜好などを踏まえた高付加価値な農作物の入手や加工法などレクチャーを受けることができる。

⑥ タイムリーかつパーソナライズされた金融サービスが受けられ、最適化された消費、貯蓄、資産運用が行える。

⑦ 満員電車や交通渋滞、交通事故に巻き込まれることなく、安心かつ時間どおりにモビリティを活用できる

また、産業や企業の側面からどのようになっているだろうか？

〈産業・企業の視点〉

① AI、IoT、ビックデータを活用したスマート農業が普及し、食糧の生産性が向上する

② 最先端のバイオテクノロジーを用いて、栄養バランス・栄養状態が改善できるスマートフードの販売が増加する

③ 新しい感染症を予防できる早期警戒システムが開発され、普及している

6.3 日本の未来社会を彩る社会課題解決

④ 最先端で簡便な E- ラーニングシステムを用いて、誰もが高品質かつ通訳なしに教育・コニュケーションができる
⑤ 再生可能エネルギーを含め、スマートグリッドシステムを活用し、最適化されたエネルギーの供給事業が普及している
⑥ ICT およびロボットの活用により、I-construction システムが導入され、事故のない建設現場および 1 人あたり生産性も 50% 程度向上した現場が実現できている。
⑦ 道路の渋滞リスク・最適ルートを検索して貨物輸送が実現され、交通渋滞がない交通網が整備されている。
⑧ 障害を抱えた人でも安全・安心に移動ができるサポートシステムが普及している。
⑨ 産官学が連携し、社会全体の持続的成長をめざす「イノベーション・エコシステム」が構築され、それぞれのステークホルダーの満足度が向上している
⑩ 利便性、安全性、経済性および健康・環境に配慮したスマートモデル都市が、全国の地方都市に生まれ、生活者の満足度が高い都市が増えている
⑪ スーパーコンピューターの活用が進み、気候変動の予測が正確に実施され、豪雨、台風などの問題が解決している
⑫ 水質、森林、土壌、生物多様性などのモニタリングに衛生を活用したリモートセンシング・データや海洋観測データを活用し、宇宙ビジネスに活用している

さて、このように、理想の未来を実現していくためには、デザイン思考が重要である。その原点は、コトづくりである。社会解題のニーズを深堀し、未来を拓くドアをシステムとして構築する必要がある（図表6.8）。CSV 事業として事業継続する要件は以下のとおりである。
① 価値創造プロセスが最適化されている
② サービスプロバイダ（金融・コンサルタント・物流・IT サービス）

第6章 オープンイノベーションを活用する未来の企業像

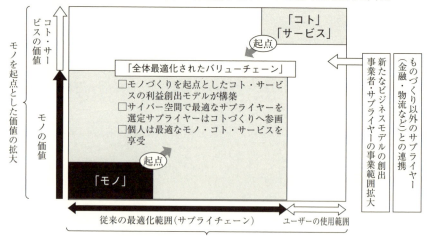

(出典) 日本経済団体連合会:「Society 5.0 実現による日本再興〜未来社会創造に向けた行動計画〜」資料、2017年2月14日。

図表6.8　コトづくり視点で社会課題解決

との連携
③　ユーザーの気づかない課題を解決し、快適にする
④　ユーザーと対話しながら常に改善する(コトづくりPDCA改善)

6.4　大手企業における新規事業推進の課題とめざすべき未来の姿

　われわれは、大手企業の新規事業部門と接することが多いが、以下のような課題や意見が多く出される(図表6.9)。特に、自前主義からの脱却や成果につながる打ち手やアクションが具体化されていないことが多い。社会解題解決型の事業は、大手企業のケイパビリティ(例えば豊富な顧客基盤など)を活用しながら、スタートアップ企業の力を借りて、AI、IoT、ロボティクスなどの領域で、うまく連携し、プラットフォーマーになること

6.4 大手企業における新規事業推進の課題とめざすべき未来の姿

- 新規事業創出がうまく進まない理由は、3つの要因が関連している
- 大きな要因は、①組織体制、②スピード感がなく、次のステップが見えない、③固いステップと異能活用度が低い

①組織体制要因	②企業風土要因	③新規事業推進プロセス・力量
■ 組織が既存事業中心に最適化されてしまっている ■ 中長期的な新規事業・イノベーション推進部門が無い、又は脆弱である（既存事業部門が強すぎるなど） ■ 新規事業専任組織が事業部門とのシナジー又は、独自での生み出しができていない	■ トップの理解がない（自前主義へのこだわりなど） ■ 売上が一定規模ないと却下している ■ スピードが遅い（上申でストップがかかる） ■ 撤退基準がない ■ 既存事業とカニバリズム（共食い）が起こるとすぐに止めてしまう	■ アイディア偏重のみで実践しない ■ 同じような考え方の人が多い（異文化活用の機会がない） ■ マーケットより上司を見る ■ 場当たり的対応推進で当事者意識が無い ■ 経営層への資料作りばかり（うまくいかない理由の羅列）

社会課題解決型事業をスタートアップ企業と連携して新規事業創出

図表6.9　新規事業創出の課題とスタートアップ連携

が、必要なときといえる。大手企業において、スタートアップ企業とともに、事業を育てることが社内起業家を育て、将来の経営者としての人材育成や将来の収益拡大につながるともいえる。

大手企業は、現在のバリューチェーンのケイパビリティを活用し、自社のバリューチェーンの中で、競合他社との強み・弱みの分析を通じて、スタートアップ企業と連携しながら、強いバリューチェーンを構築し、エコシステム化を図ることが、プラットフォーマーをめざす第一歩になる（図表6.10）。

大手企業が、スタートアップ企業と連携してビジネスモデルを構築していくためには、それぞれの役割を担うバリューチェーン企業が、同じゴールをめざすことが重要である。例えば「人々×社会の幸せ」にどのように各企業が貢献しているかを、それぞれ共創し、役割分担できていれば、関連企業すべてがエクセレントカンパニーといえよう（図表6.11）。

第6章 オープンイノベーションを活用する未来の企業像

- バリューチェーンのケイパビリティ(能力)を活用し、ビジネスモデルを考える
- コトづくり起点で、他社(ベンチャーなど)の知恵を借りつつ、リデザイン

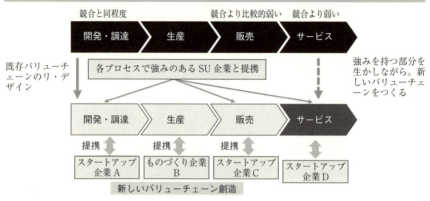

図表6.10 スタートアップ企業との連携による新しいバリューチェーン構築

- 財務×非財務(ESG)の価値創造ストーリーとゴールを明確にすること
- オープンイノベーションの活用と社員1人1人のベンチャー魂により、「人々×社会の幸せに貢献できる」事業を創出しつづけること
- ゴールは、①バリューチェーンのエコシステム化、②非財務(ESG課題)を含めた企業価値向上

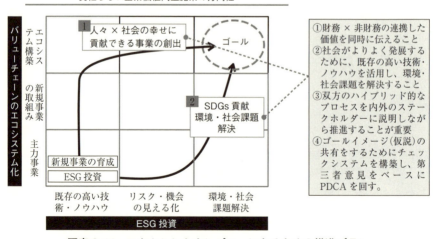

図表6.11 エクセレントカンパニーになるための推進プラン

6.5　未来の企業像をめざして

　尊敬される未来の企業像は、ステークホルダーを幸せにする企業であろう。社会課題を解決する事業を営み、そのビジネスモデルを進化させながら、関係する多くの人から感謝され、幸せを共感できる空間づくりやコトづくりが実現できている企業といえよう。

　グローバルに影響を与える企業は、ESG（環境・社会・ガバナンス）課題に、より積極的に取り組んでいく必要がある。ESG課題に正面から向き合い、自社の事業の優先的課題を決定し、社会的価値を高めていく必要がある（図表6.12）。その認識は、トップだけではなく、全社員およびバリューチェーン全体に浸透させていくべきである。トップだけが認識していても、効果はなく、仕組みとして浸透させていく活動が、将来の価値を生むことになる。

　自社の非財務の宝（技術・人・ノウハウ・顧客基盤など）を拾い上げ、グ

■ESG課題解決のためにPDCAモデルを構築することで、企業価値向上につながる

非財務価値を見える化し、優先課題を決定し、PDCAを回すことで、将来のキャッシュフローに結びつける

① 社会課題（ニーズ）の認識	■ グローバルな社会課題（ニーズ）やESGのトレンドから、社会課題（ニーズ）を認識 ● SDGs、国連グローバル・コンパクト10原則など
② 優先課題を決定しPDCAを回す	■ 社会課題を、ステークホルダーおよび自社事業（セグメント）との関係性を考えて抽出 ● 事業との関連づけを行い、経済、環境、社会に与えるインパクトを中期経営計画・事業計画へ組み込み、企業価値向上施策を全社およびバリューチェーンに展開
③ エンゲージメント	■ 経営者がコミットし、積極的な社会活動の巻き込みを図り、情報開示する ● 経営者がコミットを行い、社内外へ開示し、PDCAを回す仕組みを構築する

図表6.12　ESG課題解決による企業価値向上

第6章 オープンイノベーションを活用する未来の企業像

ループ社員のみでなくサプライヤーを含めたESG課題の重要経営指標（KPI）を設定し、PDCAを回すことで、経営パフォーマンスを上げ、その成果が社会的パフォーマンスを上げ、社会的課題を解決し、よりよい社会を創造することにつながってくる。尊敬される企業は、社会課題を解決しつづけるビジネスモデルが永続することにより、将来のキャッシュフローを獲得し、持続的に投資家にもリターンがかえってくるサイクルが続くことになる。

第6章の参考文献

[1] 国際連合広報センター：「われわれの世界を変革する：持続可能な開発のため2030アジェンダ」、2015年9月25日。
[2] GRI、国連グローバル・コンパクト、WBCSD：『SDG Compass　SDGsの企業行動指針—SDGsを企業はどう活用するか—』
http://ungcjn.org/SDGs/pdf/SDG_COMPASS_Jpn.pdf
[3] 日本経済団体連合会：「企業行動憲章：実行の手引き（第7版）」2017年12月20日。
[4] 日本経済団体連合会：「Society 5.0実現による日本再興〜未来社会創造に向けた行動計画〜」、2017年2月14日。
[5] 日本経済団体連合会：「Innovation For SDGs」、2018年7月17日。
[6] 日本経済団体連合会：keidanrenSDGsHP
https://www.keidanrenSDGs.com/database-jp
[7] 経済産業省：「価値協創のための統合的開示・対話ガイダンス」、2017年。
[8] 内閣府HP：「Society 5.0—科学技術政策—内閣府」
http://www8.cao.go.jp/cstp/society5_0/index.html
[9] 政府広報HP：「未来投資戦略2018—「Society 5.0」「データ駆動型社会」への変革—」、2018年6月15日。
[10] トヨタ自動車HP：社長メッセージ：
https://www.toyota.co.jp/jpn/company/message/
[11] 三菱ケミカルホールディングスHP：サステナビリティ：
http://www.mitsubishichem-hd.co.jp/sustainability/

おわりに

　本書では、オープンイノベーションの実践として昨今さまざまな企業が取り組んでいるアクセラレータプログラムについて、われわれがこれまで取り組んできた実績をもとに、アクセラレータプログラムで本来の成果を達成するための心得やポイントをまとめてきた。

　昨今の国内におけるアクセラレータプログラムの状況を見ると、早い時期から取り組んで来たICT企業やキャリア企業に限らず、メーカー、インフラ系、金融サービスにもその取組みは広がりを見せ、本著でも紹介したとおり、企業誘致や地域産業振興の観点から自治体でも活用が進んでおり、全国各地でアクセラレータが乱立しているといっても過言ではない状況にある。

　そのような状況下においてより多くの魅力的なスタートアップ企業に興味を持ってもらい、応募してもらうためには、アクセラレータプログラムとしての特徴やスタートアップ企業にとっての参加メリット、どれだけ本気で成果を出そうとしているのかをしっかり訴求できることが重要になっている。

　魅力的なスタートアップ企業ほどさまざまなアクセラレータプログラムから声がかかり、そのプログラムに時間を割く意義を考え、吟味している。知名度が高い大手企業との接点が持てるのであればといくつかのアクセラレータに参加してきたスタートアップ企業からはアクセラレータ疲れの声も聞かれる。「大手企業にスピード感がない」「プログラムに対する本気度が感じられない」と嘆く声も聞かれ、プログラムを通して大手企業の評判を落とすことにもなりかねない。

　われわれはアクセラレータプログラムがオープンイノベーションを実践

おわりに

するうえで非常に有効な手段であると確信しているが、そのためにはこれまでスタートアップ企業と触れたことがない企業や新規事業開発に携わったことのない方々が、スタートアップ企業のスピード感や新事業開発の難しさやおもしろさを理解し、各社が質の高いアクセラレータプログラムを実施することが重要だと感じており、本著がその一助になれば幸いである。

今後、アクセラレータプログラムはどのように進化していくだろうか。例えば、500 Startups や Plug and Play といった海外アクセラレータとの協働によりグローバルな視点でアクセラレータを開催するケースやシードステージのスタートアップ企業ではなくある程度ビジネスモデルができた企業に対し大手企業のリソースやブランド力を活用して事業をスケール（規模拡大）させることを目的とするスケーラレータを名乗るプログラム、「AIアクセラレータ」のように技術分野を絞り込むケースもあり、それぞれの特徴を訴求したプログラムはそのわかりやすさから注目を集めている。当社でも MURC アクセラレータ LEAP OVER を主催している。当社は、官公庁や自治体向けに調査・施策の立案・実行を行うシンクタンクとしての側面と民間企業に対しコンサルティングサービスを提供するコンサルティングファームとしての側面を持つ。こうした当社の強みを生かし複数の自治体と複数の企業が参加するアクセラレータプログラムとなっており、自治体×企業×スタートアップ企業による「持続可能な地域を実現するビジネスの創出」にチャレンジしている。

もう1つ、みなさまに届けたかった視点は、グローバルなトレンドを意識することである。1つの企業に長く所属していると、業界知識や担当業務についての知識・経験・ノウハウが蓄積される一方でマクロ環境での変化やそれが自分たちにどのように影響してくるかという感度が低くなってしまう。グローバルなトレンドにはいろいろな階層があると思う。冒頭、われわれはいま第四次産業革命の最中にあることに触れたが、これは産業構造におけるグローバルなトレンドになる。グローバルな企業経営のトレ

おわりに

ンドの1つとして、第6章ではCSV事業を取り上げた。CSV事業とはビジネス収益と社会利益の同時達成をめざす概念で「1Action2Value」。つまり、1つの事業が「ビジネス収益」と「社会利益」を同時に達成できる事業であることを説明した。企業が社会課題の解決に本気で取り組まなくてはならない時代になっているのだ。CSVという概念は、企業経営のあり方を変える可能性があると考えており、まさに「社会の公器」たる企業が新たな事業を創造していくこと示している。

先日、埼玉県にある産業廃棄物中間処理業者の石坂産業㈱を視察した。同社の創立は昭和42年、従業員数約175名、売上高50億程、現在は2代目の石坂典子社長が率いる。同社は建設現場の産業廃棄物(建設廃棄物)のうちリサイクルが困難な建築現場の混合廃棄物を積極的に受け入れる。混合廃棄物とは、コンクリートの瓦礫や、ガラス、木片など複数の素材が混ざり合った廃棄物。リサイクルに手間がかかるため、同業者の多くが受け入れを拒む廃棄物であり、不法投棄が後を絶たず社会問題となっていた。同社は混合廃棄物の再資源化のため、「焼却」ではなく「分別」のための技術開発に取り組み、試行錯誤しながら独自の装置を設計、いまではリサイクル化率98%という高い水準を維持している。それだけではない。地域の方々にお願いされて東京ドーム約4個分の里山を管理し、2012年には生物多様性の定量評価制度であるJHEP認証で日本最高ランクとなるAAAを取得した。「地域の役に立ちたい」という想いから、地域とつながるコミュニティ「やまゆり倶楽部」、オーガニック野菜を栽培する「石坂ファーム」と次々に取組みを拡げてきた。さらに、グローバルに情報収集・情報発信を行い、地球規模で社会課題を考えており、必然的に自然体でグローバルな共創の関係が構築されていく。

同社にはたくさんの学ぶべき点があった。百聞は一見にしかず。視察に訪れ、言葉だけではなく、おもてなしの姿勢や地域への配慮といった人間らしさと最新のテクノロジーが融合する様を目のあたりにした。同社のファンにならずにはいられない。これからの企業経営のあり方を見る気がし

おわりに

た。彼らが取り組む課題は1社で解決できるものではない。こうした大きな社会課題にこそオープンイノベーションが必要であり、「ビジネス収益」と「社会利益」を同時に達成する新事業の可能性があるのではないだろうか。

索　引

【英字】

CSV　　114、115
CVC　　11、42
DEMO DAY　　41
Exit　　20
FANG　　7、8
Fintech　　iv
GAFA　　7、8
Industrie4.0　　iii
MOE　　117
MOS　　117
MOT　　117
MVP　　43、76、79
PoC　　71、104
Society 5.0　　113、120、121
VC　　42

【あ行】

アイデア確認　　79
アイデア検証　　79
アイデアソン　　11、13、66
アクセラレータ　　19、20、21
アクセラレータ戦略設計　　58、59
アクセラレータプログラム　　11、19、29
　　——の基本構成　　43

アセット　　47、73
アドバイザー　　70
アライアンス　　11
ありたい姿定義　　59
イクジット　　20
イノベーション　　3、31
イノベーション・エコシステム　　31
インキュベーション　　31
インプットセミナー　　81、82
ウォーターフォール型　　74
エコシステム　　31
オープンイノベーション　　5、64、65

【か行】

概念実証　　71、104
開発委託契約　　87
外部メンター　　47、70
カニバライゼーション　　24
画面遷移イメージ　　76
環境負荷低減　　117
環境分析　　59、60
企画設計フェーズ　　25
企業アクセラレータの心得5カ条　　44
企業アクセラレータプログラム　　21
　　——の効果　　23

索　引

――の流れ　26
企業メンター　69、70、71
技術的特異点　　　iii
共創　51
共同開発契約　87
業務委託契約　87
クローズイノベーション　5、64、65
コーポレートベンチャーキャピタル　11、42

【さ行】

シード・アクセラレータ　19
スタートアップ　6、7
スタートアップ・アクセラレータ　19
スタートアップ企業　6、7
スモールビジネス　6、7
成果発表会　28
全社戦略　40
ソリューションイメージ　76
ソリューション検定　76

【た行】

大義名分　67、68
知財未満のアイデア　86
知的財産権　49
地方創生　95、106
中小企業　6、7
デモデイ　20、28、41、88

――の設計イメージ　90

【は行】

ハードウェア・スタートアップ型　101、107
破壊的イノベーション　62
ハッカソン　11、13、66
　　――の参加同意書フォーマット　85
ビジネス生態系　31
ビジネスマッチング　11
ピッチデイ　76
非典型契約　87
ピボット　76
ファクトリーオートメーション　10
ファクトリー・テック型　101、103、107
ファシリテーター　69、70、80
ファブレス　101
プレゼン指導　79
フロントランナー　4
ベンチャー企業　6、7
ベンチャーキャピタル　42

【ま行】

メンタリング　19、20、42、78
モックアップ　76

【ら行】

リーンキャンバス　75

索　引

リーンスタートアップ型　　74、75
リソース　　47

リモートセンシング・データ　　123
路線変更　　76

執筆者紹介(執筆章順)

杉原　美智子(すぎはら　みちこ)
経済政策部　主任研究員
執筆担当：はじめに、第3章、おわりに

石山　泰男(いしやま　やすお)
社会システム共創部　チーフコンサルタント
執筆担当：第1章

附田　一起(つきだ　かずき)
社会システム共創部　コンサルタント
執筆担当：第2章

南雲　岳彦(なぐも　たけひこ)
常務執行役員
執筆担当：コラム

渡邉　藤晴(わたなべ　ふじはる)
イノベーション＆インキュベーション室長兼プリンシパル
執筆担当：4.1節

渡邉　睦(わたなべ　むつみ)
戦略コンサルティング第2部　シニアコンサルタント
執筆担当：4.2節、4.5節

辰巳　裕介(たつみ　ゆうすけ)
経営コンサルティング第1部　コンサルタント
執筆担当：4.3節、4.4節

北　洋祐(きた　ようすけ)
経済政策部　副主任研究員
執筆担当：第5章

矢野　昌彦(やの　まさひこ)
社会システム共創部長兼プリンシパル
執筆担当：第6章

よくわかる　オープンイノベーション　アクセラレータ入門

2018 年 12 月 3 日　第 1 刷発行

著　者　三菱 UFJ リサーチ＆
　　　　コンサルティング

発行人　戸 羽 節 文

発行所　株式会社　日科技連出版社
〒151-0051　東京都渋谷区千駄ヶ谷 5-15-5
DS ビル
電話　出　版　03-5379-1244
　　　営　業　03-5379-1238

検印省略

Printed in Japan

印刷・製本　三秀舎

ⓒ Mitsubishi UFJ Research and Consulting 2018
ISBN 978-4-8171-9625-5
URL　http://www.juse-p.co.jp/

本書の全部または一部を無断で複写複製（コピー）することは、著作権法上での例外を除き、禁じられています。